COLLECTION
PARCOURS D'UNE ŒUVRE
SOUS LA DIRECTION DE MICHEL LAURIN

Beauchemin
CHENELIÈRE ÉDUCATION

Le Cid

Texte intégral

Édition présentée, annotée et commentée
par Paul-G. Croteau, enseignant au cégep de Trois-Rivières

Collection « Parcours d'une œuvre »

Sous la direction de Michel Laurin

© 2008, 2001 Groupe Beauchemin, Éditeur Ltée

Édition : Johanne O'Grady, Sophie Gagnon
Coordination : Johanne O'Grady
Correction d'épreuves : Marie Labrecque
Conception graphique : Josée Bégin
Infographie : Transcontinental Transmédia
Impression : Imprimeries Transcontinental

**Catalogage avant publication
de Bibliothèque et Archives nationales du Québec
et Bibliothèque et Archives Canada**

Corneille, Pierre, 1606-1684

  Le Cid

  (Collection Parcours d'une œuvre)
  Éd. originale: 2001.

  Comprend des réf. bibliogr.
  Pour les étudiants du niveau collégial.

  ISBN 978-2-7616-5150-9

  1. Corneille, Pierre, 1606-1684. Cid. 2. Corneille, Pierre,
1606-1684 – Critique et interprétation. I. Croteau, Paul-G.,
1953- . II. Titre. III. Collection.

PQ1749.A2C76 2007   842'.4   C2007-942354-X

Beauchemin

CHENELIÈRE ÉDUCATION

5800, rue Saint-Denis, bureau 900
Montréal (Québec) H2S 3L5 Canada
Téléphone : 514 273-1066
Télécopieur : 514 276-0324 ou 1 888 460-3834
info@cheneliere.ca

ISBN 978-2-7616-5150-9

Dépôt légal : 1er trimestre 2008
Bibliothèque et Archives nationales du Québec
Bibliothèque et Archives Canada

Imprimé au Canada

2 3 4 5 6 ITG 16 15 14 13 12

Nous reconnaissons l'aide financière du gouvernement du Canada
par l'entremise du Fonds du livre du Canada (FLC) pour nos
activités d'édition.

Gouvernement du Québec – Programme de crédit d'impôt pour
l'édition de livres – Gestion SODEC.

Tableau de la couverture :
*Sainte Catherine
d'Alexandrie,* détail : mains
et pommeau d'épée, (1598).
Collection Thyssen-Bornemisza,
akg-images/Nimatallah.
Œuvre de **Michelangelo
Merisi da Caravaggio,**
dit Le Caravage, peintre
italien (1573-1610).

À la mémoire de Pierre Corneille.

FRONTISPICE POUR LE THÉÂTRE DE CORNEILLE.
GUILLAUME VALLET (1632-1704),
D'APRÈS ANTOINE PAILLET (1626-1701).

TABLE DES MATIÈRES

LE PLUS CÉLÈBRE DES DISCRETS 5

LE CID 7

  ACTE I 9
  ACTE II 30
  ACTE III 52
  ACTE IV 72
  ACTE V 91

PRÉSENTATION DE L'ŒUVRE   113

Corneille et son époque 115
  Le contexte sociohistorique 115
  Les idées au siècle classique : vers l'« honnête homme » ... 134
  Le déclin des idées classiques 138
Corneille et son œuvre 143
  La jeunesse 143
  Le succès : une carrière en dents de scie 144
  La retraite 147
L'œuvre expliquée 148
  Le Cid : œuvre annonciatrice du classicisme 148
  Les règles classiques de composition 149
  Le rapport entre l'histoire et la pièce 153
  Les personnages 157
  La langue et le style 165
Jugements critiques de l'œuvre 170

PLONGÉE DANS L'ŒUVRE   173

Questions sur les actes 174
Questions sur l'œuvre 185
Extraits 1 et 2 187
Extraits 3 et 4 189
Extraits 5 et 6 192

ANNEXES   195

Tableau chronologique 196
Glossaire de l'œuvre 208
Bibliographie 212
Sources iconographiques 213

PIERRE CORNEILLE EN 1647.
D'APRÈS CHARLES LE BRUN (1619-1690).

INTRODUCTION

LE PLUS CÉLÈBRE DES DISCRETS

Plus de 300 ans après la mort de Corneille, on cherche encore à comprendre cet écrivain polyvalent qui, presque par la seule force de son génie créateur, a inventé l'art dramatique français. Ce provincial passionné qui semble avoir surgi de nulle part s'est construit une carrière de touche-à-tout qui a duré près de 50 ans : il a écrit des tragédies et des comédies, il s'est fait théoricien d'un genre encore en gestation, il s'est mis au service de deux rois et de trois ministres, et il a connu, dans toutes ces activités, le succès triomphal aussi bien que l'échec humiliant.

Corneille est passé à l'Histoire comme l'auteur du premier chef-d'œuvre du théâtre français. La popularité du *Cid* ne se dément pas car, depuis plus de 350 ans, il n'a cessé d'être joué et lu ; on l'a imité, copié, parodié ; il a inspiré poètes, romanciers, musiciens… Sur notre continent, Réjean Ducharme nous a offert en 1968 *Le Cid maghané* ; même le si tragique « Rodrigue, as-tu du cœur ? » a été caricaturé dans la comédie loufoque *Ding et Dong, le film* ! Il n'est pas certain que la dignité de l'académicien Corneille n'en aurait pas été offensée ; après tout, son œuvre défend la gloire et la majesté royales, l'honneur et la dignité de la noblesse, l'abnégation amoureuse et la passion contenue.

Lire *Le Cid* n'est pas seulement remonter aux sources de la littérature d'expression française, c'est aussi approfondir des vérités universelles : la nécessité de faire abstraction des sentiments au profit d'autres valeurs, les dilemmes intérieurs que suscitent la passion, la jalousie, l'ambition, l'obligation dans laquelle chacun se trouve d'accomplir son devoir, même au détriment des mouvements du cœur et en dépit de l'instinct. Voilà les leçons du *Cid,* et son universalité ! Et, c'est probablement le souvenir que Corneille aurait voulu qu'on garde de lui : un homme qui a su affronter l'adversité dignement tout en restant lui-même sans parader sur la place publique.

LE JUGEMENT (ACTE II, SCÈNE 8),
FRONTISPICE DE L'ÉDITION DE 1694.

LE CID

TRAGI-COMEDIE

A PARIS,
Chez AVGVSTIN COVRBE, Imprimeur & Libraire de Monfeigneur frere du Roy, dans la petite Salle du Palais, à la Palme.

M. DC. XXXVII.
AVEC PRIVILEGE DV ROY.

PAGE DE TITRE DE L'ÉDITION DE 1637.

LES PERSONNAGES

DON FERNAND, *premier roi de Castille* [1].

DOÑA URRAQUE, *Infante* [2] *de Castille.*

DON DIÈGUE, *père de don Rodrigue.*

DON GOMÈS, comte de Gormas, *père de Chimène.*

DON RODRIGUE, *amant de Chimène.*

DON SANCHE, *amoureux de Chimène.*

DON ARIAS, *gentilhomme castillan.*

DON ALONSE, *gentilhomme castillan.*

CHIMÈNE, *fille de don Gomès.*

LÉONOR, *gouvernante de l'Infante.*

ELVIRE, *gouvernante de Chimène.*

UN PAGE de l'Infante.

LA SCÈNE EST À SÉVILLE [3].

N.B.: Les six extraits de l'œuvre qui font l'objet d'une analyse approfondie sont indiqués par une trame superposée au texte. Les mots suivis d'un astérisque sont définis dans le glossaire de l'œuvre, à la page 208.

1. Castille: province d'Espagne constituant le « noyau dur » chrétien et dont le territoire fluctua beaucoup au cours de l'histoire.
2. Infante: princesse, fille la plus jeune du roi d'Espagne.
3. Séville: ville et port du sud-ouest de l'Espagne qui, au XIIᵉ siècle, fut conquise par les chrétiens. Elle repassa plus tard aux Maures et ne devint définitivement chrétienne qu'au milieu du XIIIᵉ siècle.

ACTE I

Chez Chimène.

SCÈNE 1 : CHIMÈNE, ELVIRE

CHIMÈNE

Elvire, m'as-tu fait un rapport bien sincère ?
Ne déguises-tu rien de ce qu'a dit mon père ?

ELVIRE

Tous mes sens à moi-même en sont encor charmés[1] :
Il estime Rodrigue autant que vous l'aimez,
5 Et si je ne m'abuse à lire dans son âme,
Il vous commandera de répondre à sa flamme[2].

CHIMÈNE

Dis-moi donc, je te prie, une seconde fois
Ce qui te fait juger qu'il approuve mon choix ;
Apprends-moi de nouveau quel espoir j'en dois prendre[3] ;
10 Un si charmant discours ne se peut trop entendre ;
Tu ne peux trop promettre aux feux[4] de notre amour
La douce liberté de se montrer au jour[5].
Que t'a-t-il répondu sur la secrète brigue[6]
Que font auprès de toi don Sanche et don Rodrigue ?
15 N'as-tu point trop fait voir quelle inégalité
Entre ces deux amants me penche[7] d'un côté ?

---

1. Tous mes sens […] charmés : Je suis encore sous le charme, au point d'en croire à peine mes sens.
2. Flamme : amour.
3. Quel espoir j'en dois prendre : ce que je puis espérer de ce qu'il t'a dit.
4. Feux : métaphore galante pour la passion amoureuse.
5. Un si charmant discours […] se montrer au jour : je ne puis me lasser d'entendre des nouvelles aussi favorables, enchanteresses ; confirme-moi de nouveau que notre amour pourra s'exprimer en toute liberté.
6. Brigue : intrigue, sollicitation, dans le cas présent pour gagner le cœur de la femme aimée. On apprend au vers suivant que Chimène a deux prétendants : don Sanche et don Rodrigue.
7. Me penche : me fait pencher.

Elvire

Non, j'ai peint votre cœur dans une indifférence
Qui n'enfle d'aucun d'eux ni détruit l'espérance[1],
Et sans les voir d'un œil trop sévère ou trop doux,
20   Attend[2] l'ordre d'un père à choisir un époux.
Ce respect l'[3]a ravi, sa bouche et son visage
M'en ont donné sur l'heure un digne témoignage,
Et puisqu'il vous en faut encor faire un récit,
Voici d'eux et de vous ce qu'en hâte il m'a dit :
25   « Elle est dans le devoir[4], tous deux sont dignes d'elle,
« Tous deux formés d'un sang[5] noble, vaillant, fidèle,
« Jeunes, mais qui font lire aisément dans leurs yeux
« L'éclatante vertu[6] de leurs braves aïeux.
« Don Rodrigue surtout n'a trait en son visage
30   « Qui d'un homme de cœur[7] ne soit la haute image,
« Et sort d'une maison[8] si féconde en guerriers,
« Qu'ils y prennent naissance au milieu des lauriers[9].
« La valeur de son père en son temps sans pareille,
« Tant qu'a duré sa force, a passé pour merveille ;
35   « Ses rides sur son front ont gravé ses exploits,
« Et nous disent encor ce qu'il fut autrefois.
« Je me promets du fils ce que j'ai vu du père ;
« Et ma fille, en un mot, peut l'aimer et me plaire[10]. »
Il allait au conseil[11], dont l'heure qui pressait

---

1. Non, j'ai peint […] l'espérance : j'ai dit à votre père que vous pourriez aimer l'un aussi bien que l'autre, d'une manière qui n'enfle ni ne détruit l'espérance d'aucun d'eux.
2. Attend : le sujet de ce verbe est « votre cœur » ; on voit comme l'amour est assujetti aux volontés paternelles.
3. L' : renvoie au père de Chimène, lequel est ravi du respect manifesté par sa fille.
4. Elle est dans le devoir : elle accomplit son devoir de manière conforme à son rang (sa noblesse).
5. Sang : par métonymie, famille, lignée.
6. Vertu : qualité, mérite.
7. Cœur : courage.
8. Maison : famille, lignée.
9. Lauriers : la couronne de laurier symbolise la victoire militaire, la valeur manifestée au combat.
10. Peut l'aimer et me plaire : je suis d'accord pour approuver leur union, leur amour.
11. Il allait au conseil : il se rendait à une réunion du conseil royal.

40 A tranché ce discours qu'à peine il commençait[1];
Mais à ce peu de mots je crois que sa pensée
Entre vos deux amants n'est pas fort balancée[2].
Le Roi doit à son fils élire un gouverneur,
Et c'est lui que regarde un tel degré d'honneur[3];
45 Ce choix n'est pas douteux, et sa rare[4] vaillance
Ne peut souffrir[5] qu'on craigne aucune concurrence.
Comme ses hauts exploits le rendent sans égal,
Dans un espoir si juste[6] il sera sans rival;
Et puisque don Rodrigue a résolu[7] son père
50 Au sortir du conseil à proposer l'affaire[8],
Je vous laisse à juger s'il prendra bien son temps,
Et si tous vos désirs seront bientôt contents.

CHIMÈNE

Il semble toutefois que mon âme troublée
Refuse cette joie, et s'en trouve accablée:
55 Un moment donne au sort des visages divers[9],
Et dans ce grand bonheur je crains un grand revers.

ELVIRE

Vous verrez cette crainte heureusement déçue[10].

CHIMÈNE

Allons, quoi qu'il en soit, en attendre l'issue.

---

1. Dont l'heure [...] commençait: comme il voulait arriver à l'heure, il a abrégé sa conversation avec Elvire.
2. Balancée: n'hésite pas beaucoup.
3. Le Roi doit [...] un tel degré d'honneur: Elvire pense que c'est le père de Chimène qui aura l'honneur d'être choisi comme gouverneur (maître, professeur) du fils du Roi.
4. Rare vaillance: courage exceptionnel, vaillance rarement vue.
5. Ne peut souffrir: ne peut supporter, endurer.
6. Juste: justifié, légitime.
7. A résolu: a convaincu.
8. Proposer l'affaire: en sortant du conseil royal, le père de Rodrigue parlera à celui de Chimène et proposera l'union de leurs enfants.
9. Un moment donne au sort des visages divers: il suffit d'un instant pour que le destin prenne une tout autre tournure.
10. Vous verrez cette crainte heureusement déçue: vos craintes ne se réaliseront pas, l'affaire aura une fin heureuse.

Chez l'Infante.

SCÈNE 2 : L'Infante, Léonor, Le Page

L'Infante

Page, allez avertir Chimène de ma part
60 Qu'aujourd'hui pour me voir elle attend un peu tard,
Et que mon amitié se plaint de sa paresse.

(Le page rentre[1].)

Léonor

Madame, chaque jour même désir vous presse ;
Et dans son entretien[2] je vous vois chaque jour
Demander en quel point se trouve son amour.

L'Infante

65 Ce n'est pas sans sujet : je l'ai presque forcée
À recevoir les traits[3] dont son âme est blessée[4].
Elle aime don Rodrigue, et le tient de ma main,
Et par moi don Rodrigue a vaincu son dédain[5] :
Ainsi de ces amants ayant formé les chaînes,
70 Je dois prendre intérêt à voir finir leurs peines.

Léonor

Madame, toutefois parmi leurs bons succès
Vous montrez un chagrin qui va jusqu'à l'excès.
Cet amour, qui tous deux les comble d'allégresse,
Fait-il de ce grand cœur[6] la profonde tristesse ?

---

1. Rentre : en fait, il sort de la scène, il entre dans une autre pièce du palais.
2. Dans son entretien : dans vos entretiens avec Chimène.
3. Traits : les « traits » font référence aux flèches que le dieu Cupidon lançait pour susciter l'amour.
4. Je l'ai presque forcée […] blessée : j'ai dû l'obliger à accepter l'amour, la passion qu'elle entretenait secrètement (pour don Rodrigue).
5. Dédain : son air dédaigneux, sa fierté mal placée.
6. Ce grand cœur : le cœur de l'Infante ; on appelait « grands » les personnes appartenant à la plus haute noblesse.

75 Et ce grand intérêt que vous prenez pour eux
Vous rend-il malheureuse alors qu'ils sont heureux ?
Mais je vais trop avant, et deviens indiscrète.

L'INFANTE

Ma tristesse redouble à la tenir secrète.
Écoute, écoute enfin comme j'ai combattu,
80 Écoute quels assauts brave encor ma vertu[1].
L'amour est un tyran qui n'épargne personne :
Ce jeune cavalier[2], cet amant que je donne,
Je l'aime.

LÉONOR

      Vous l'aimez !

L'INFANTE

             Mets la main sur mon cœur,
Et vois comme il se trouble au nom de son vainqueur,
85 Comme il le reconnaît.

LÉONOR

           Pardonnez-moi, Madame,
Si je sors du respect pour blâmer cette flamme*.
Une grande princesse à ce point s'oublier
Que d'admettre en son cœur un simple cavalier !
Et que dirait le Roi ? que dirait la Castille* ?
90 Vous souvient-il[3] encor de qui vous êtes fille ?

L'INFANTE

Il m'en souvient si bien que j'épandrai mon sang*,
Avant que je m'abaisse à démentir mon rang[4].

---

1. Quels assauts brave encor ma vertu : quelles contraintes je dois continuer à affronter avec courage.
2. Cavalier : chevalier, gentilhomme noble (souvent employé pour la noblesse moyenne ou inférieure).
3. Vous souvient-il : tournure élégante pour « vous souvenez-vous ».
4. Démentir mon rang : agir à l'encontre des exigences de mon rang social.

Je te répondrais bien que dans les belles âmes
Le seul mérite a droit de produire des flammes* ;
95 Et si ma passion cherchait à s'excuser,
Mille exemples fameux pourraient l'autoriser ;
Mais je n'en veux point suivre où ma gloire[1] s'engage[2] ;
La surprise des sens n'abat point mon courage[3] ;
Et je me dis toujours qu'étant fille de roi,
100 Tout autre qu'un monarque est indigne de moi.
Quand je vis que mon cœur* ne se pouvait défendre,
Moi-même je donnai ce que je n'osais prendre.
Je mis, au lieu de moi, Chimène en ses liens[4],
Et j'allumai leurs feux* pour éteindre les miens.
105 Ne t'étonne donc plus si mon âme gênée[5]
Avec impatience attend leur hyménée[6] :
Tu vois que mon repos en dépend aujourd'hui.
Si l'amour vit d'espoir, il périt avec lui :
C'est un feu qui s'éteint, faute de nourriture ;
110 Et malgré la rigueur de ma triste aventure,
Si Chimène a jamais Rodrigue pour mari,
Mon espérance est morte, et mon esprit guéri.
Je souffre cependant un tourment incroyable.
Jusques à cet hymen Rodrigue m'est aimable :
115 Je travaille à le perdre, et le perds à regret ;
Et de là prend son cours mon déplaisir[7] secret.
Je vois avec chagrin que l'amour me contraigne
À pousser des soupirs pour ce que je dédaigne[8] ;

---

1. Gloire : réputation, honneur (valeur primordiale au XVIIᵉ siècle).
2. Mais je n'en veux point suivre où ma gloire s'engage : je ne veux pas suivre un exemple qui pourrait compromettre ma réputation.
3. Courage : cœur, siège des sentiments.
4. Liens : l'attachement amoureux ; en termes clairs, elle a fait en sorte que Rodrigue et Chimène tombent amoureux l'un de l'autre.
5. Gênée : embarrassée par le fait qu'elle est amoureuse d'un homme de condition modeste en regard de la sienne.
6. Hyménée : mariage.
7. Déplaisir : désespoir, chagrin.
8. Ce que je dédaigne : celui que je repousse par fierté (sans idée de dédain).

Je sens en deux partis mon esprit divisé :
120 Si mon courage est haut, mon cœur est embrasé ;
     Cet hymen m'est fatal[1], je le crains et souhaite :
     Je n'ose en espérer qu'une joie imparfaite.
     Ma gloire et mon amour ont pour moi tant d'appas[2],
     Que je meurs s'il s'achève ou ne s'achève pas[3].

Léonor

125 Madame, après cela je n'ai rien à vous dire,
     Sinon que de vos maux avec vous je soupire :
     Je vous blâmais tantôt, je vous plains à présent ;
     Mais puisque dans un mal si doux et si cuisant
     Votre vertu* combat et son charme[4] et sa force,
130 En repousse l'assaut, en rejette l'amorce,
     Elle rendra le calme à vos esprits flottants[5].
     Espérez donc tout d'elle[6], et du secours du temps,
     Espérez tout du ciel[7] : il a trop de justice
     Pour laisser la vertu dans un si long supplice.

L'Infante

135 Ma plus douce espérance est de perdre l'espoir.

Le Page

Par vos commandements Chimène vous vient voir.

L'Infante, *à Léonor.*

Allez l'entretenir en cette galerie[8].

Léonor

Voulez-vous demeurer dedans la rêverie ?

---

1. Fatal : funeste, imposé par le destin.
2. Appas : attrait, charme.
3. S'il s'achève ou ne s'achève pas : que le mariage entre Chimène et Rodrigue se réalise ou non ; dans un cas comme dans l'autre, elle souffre.
4. Charme : envoûtement.
5. Flottants : hésitants, incertains devant une décision pénible à prendre.
6. D'elle : de votre vertu.
7. Ciel : la Providence, Dieu.
8. Galerie : grande salle d'apparat en longueur aménagée de miroirs ou d'œuvres d'art.

L'Infante

Non, je veux seulement, malgré mon déplaisir*,
140 Remettre mon visage un peu plus à loisir[1].
Je vous suis. Juste ciel*, d'où j'attends mon remède,
Mets enfin quelque borne au mal qui me possède :
Assure mon repos, assure mon honneur.
Dans le bonheur d'autrui je cherche mon bonheur.
145 Cet hyménée* à trois également importe[2] ;
Rends son effet[3] plus prompt, ou mon âme plus forte.
D'un lien* conjugal joindre ces deux amants,
C'est briser tous mes fers[4] et finir mes tourments.
Mais je tarde un peu trop, allons trouver Chimène,
150 Et par son entretien[5] soulager notre peine.

Une place publique devant le palais royal.

SCÈNE 3 : Le Comte, Don Diègue

Le Comte

Enfin vous l'emportez, et la faveur du Roi
Vous élève en un rang qui n'était dû qu'à moi :
Il vous fait gouverneur du prince de Castille*.

Don Diègue

Cette marque d'honneur qu'il met dans ma famille
155 Montre à tous qu'il est juste, et fait connaître assez
Qu'il sait récompenser les services passés.

---

1. Remettre mon visage un peu plus à loisir : rendre à mon visage un air moins tourmenté ou refaire mon maquillage.
2. Cet hyménée à trois également importe : ce mariage revêt une égale importance pour trois personnes.
3. Rends son effet plus prompt : (s'adressant au ciel) hâte la réalisation de leur mariage.
4. Fers : les chaînes de l'amour, les liens, l'attachement amoureux.
5. Son entretien : voir v. 63.

Le Comte

Pour grands que soient les rois, ils sont ce que nous sommes :
Ils peuvent se tromper comme les autres hommes ;
Et ce choix sert de preuve à tous les courtisans
160 Qu'ils[1] savent mal payer les services présents.

Don Diègue

Ne parlons plus d'un choix dont votre esprit s'irrite ;
La faveur[2] l'a pu faire autant que le mérite,
Mais on doit ce respect au pouvoir absolu,
De n'examiner rien quand un roi l'a voulu.
165 À l'honneur qu'il m'a fait ajoutez-en un autre ;
Joignons d'un sacré nœud[3] ma maison* à la vôtre :
Vous n'avez qu'une fille, et moi je n'ai qu'un fils ;
Leur hymen nous peut rendre à jamais plus qu'amis :
Faites-nous cette grâce, et l'acceptez pour gendre.

Le Comte

170 À des partis plus hauts ce beau fils doit prétendre ;
Et le nouvel éclat de votre dignité
Lui doit enfler le cœur* d'une autre vanité[4].
Exercez-la, Monsieur, et gouvernez le Prince :
Montrez-lui comme[5] il faut régir une province,
175 Faire trembler partout les peuples sous sa loi,
Remplir les bons d'amour, et les méchants d'effroi.
Joignez à ces vertus* celles d'un capitaine :
Montrez-lui comme il faut s'endurcir à la peine,
Dans le métier de Mars[6] se rendre sans égal,
180 Passer les jours entiers et les nuits à cheval,
Reposer tout armé, forcer une muraille,

---

1. Ils : les rois.
2. La faveur : sous-entend que le Roi a des favoris ou a subi les pressions d'un lobby.
3. Sacré nœud : le sacrement du mariage ; il fait ce qu'Elvire a annoncé aux v. 49-50.
4. À des partis plus hauts […] d'une autre vanité : le Comte ironise, car la famille de don Diègue est d'un rang inférieur ; il laisse entendre que le fils du nouveau gouverneur doit prétendre à un mariage avec un meilleur parti que la fille d'un comte.
5. Comme : comment ; de même aux v. 178 et 188.
6. Le métier de Mars : l'art militaire, car Mars est le dieu de la Guerre.

Et ne devoir qu'à soi le gain d'une bataille.
Instruisez-le d'exemple[1], et rendez-le parfait,
Expliquant à ses yeux vos leçons par l'effet*.

DON DIÈGUE

185 Pour s'instruire d'exemple, en dépit de l'envie[2],
Il lira seulement l'histoire de ma vie.
Là, dans un long tissu de belles actions,
Il verra comme il faut dompter des nations,
Attaquer une place, ordonner une armée,
190 Et sur de grands exploits bâtir sa renommée.

LE COMTE

Les exemples vivants sont d'un autre pouvoir[3] ;
Un prince dans un livre apprend mal son devoir.
Et qu'a fait après tout ce grand nombre d'années,
Que ne puisse égaler une de mes journées ?
195 Si vous fûtes vaillant, je le suis aujourd'hui[4],
Et ce bras du royaume est le plus ferme appui.
Grenade[5] et l'Aragon[6] tremblent quand ce fer[7] brille ;
Mon nom sert de rempart à toute la Castille* :
Sans moi, vous passeriez bientôt sous d'autres lois,
200 Et vous auriez bientôt vos ennemis pour rois[8].
Chaque jour, chaque instant, pour rehausser ma gloire*,
Met lauriers sur lauriers*, victoire sur victoire :
Le Prince à mes côtés ferait dans les combats
L'essai de son courage* à l'ombre de mon bras ;

---

1. Instruisez-le d'exemple : en lui donnant l'exemple ; encore de l'ironie, car le Comte sait don Diègue vieillissant et incapable d'accomplir ce qu'il enseigne.
2. En dépit de l'envie : malgré les envieux ; de même au v. 233.
3. D'un autre pouvoir : plus efficaces.
4. Et qu'a fait [...] aujourd'hui : le Comte prétend avoir accompli davantage en un jour que don Diègue dans toute sa vie.
5. Grenade : ville d'Andalousie (sud de l'Espagne) ; fondée par les Maures en 756, elle fut leur dernière place forte en Espagne.
6. L'Aragon : le territoire de cette province d'Espagne fluctua beaucoup au cours de l'histoire, l'Aragon étant âprement disputé.
7. Fer : épée.
8. Vous passeriez [...] vos ennemis pour rois : vous deviendriez des sujets des rois maures.

205 Il apprendrait à vaincre en me regardant faire ;
Et pour répondre en hâte à son grand caractère[1],
Il verrait…

Don Diègue

Je le sais, vous servez bien le Roi,
Je vous ai vu combattre et commander sous moi.
Quand l'âge dans mes nerfs a fait couler sa glace,
210 Votre rare* valeur a bien rempli ma place ;
Enfin, pour épargner les discours superflus,
Vous êtes aujourd'hui ce qu'autrefois je fus.
Vous voyez toutefois qu'en cette concurrence[2]
Un monarque entre nous met quelque différence.

Le Comte

215 Ce que je méritais, vous l'avez emporté.

Don Diègue

Qui l'a gagné sur vous l'avait mieux mérité.

Le Comte

Qui peut mieux l'exercer en est bien le plus digne.

Don Diègue

En être refusé n'en est pas un bon signe[3].

Le Comte

Vous l'avez eu par brigue*, étant vieux courtisan.

Don Diègue

220 L'éclat de mes hauts faits fut mon seul partisan[4].

Le Comte

Parlons-en mieux, le Roi fait honneur à votre âge.

---

1. Son grand caractère : la grandeur de son état, car il est fils de roi.
2. En cette concurrence : en cette rivalité pour obtenir le poste de gouverneur.
3. En être refusé n'en est pas un bon signe : se voir refuser un poste est un signe que l'estime du Roi n'est pas aussi certaine qu'on le croyait.
4. Mon seul partisan : la seule preuve dont j'avais besoin.

© Louise Leblanc.

LE COMTE (Michel Thériault):

                              Ton impudence,
Téméraire vieillard, aura sa récompense.
(*Il lui donne un soufflet.*)

DON DIÈGUE (Roland Lepage), *mettant l'épée à la main*:
Achève, et prends ma vie, après un tel affront,
Le premier dont ma race ait vu rougir son front.

ACTE I, SCÈNE 3, vers 225 à 228.

THÉÂTRE DU TRIDENT, 2004.
MISE EN SCÈNE DE GERVAIS GAUDREAULT.

DON DIÈGUE
Le Roi, quand il en fait, le mesure au courage [1].

LE COMTE
Et par là cet honneur n'était dû qu'à mon bras.

DON DIÈGUE
Qui n'a pu l'obtenir ne le méritait pas.

LE COMTE
225 Ne le méritait pas! moi?

DON DIÈGUE
Vous.

LE COMTE
                    Ton impudence,
Téméraire vieillard, aura sa récompense.

(Il lui donne un soufflet.)

DON DIÈGUE, *mettant l'épée à la main.*
Achève, et prends ma vie, après un tel affront,
Le premier dont ma race ait vu rougir son front.

LE COMTE
Et que penses-tu faire avec tant de faiblesse?

DON DIÈGUE
230 Ô Dieu! ma force usée en ce besoin [2] me laisse!

LE COMTE
Ton épée est à moi, mais tu serais trop vain [3],
Si ce honteux trophée avait chargé ma main [4].

---

1. Le Roi, quand il en fait, le mesure au courage: quand il distribue les honneurs, le Roi le fait en fonction de la vaillance ou du dévouement.
2. En ce besoin: juste au moment où j'en ai besoin.
3. Vain: vaniteux, présomptueux.
4. Ton épée […] avait chargé ma main: le Comte, qui vient de désarmer son rival, refuse de garder comme trophée l'épée de don Diègue, car ce dernier pourrait, par orgueil ou vanité, tenter d'en tirer profit.

Adieu, fais lire au Prince, en dépit de l'envie,
Pour son instruction, l'histoire de ta vie ;
235 D'un insolent discours ce juste* châtiment
Ne lui servira pas d'un petit ornement[1].

SCÈNE 4 : DON DIÈGUE

DON DIÈGUE

Ô rage ! ô désespoir ! ô vieillesse ennemie !
N'ai-je donc tant vécu que pour cette infamie ?
Et ne suis-je blanchi dans les travaux[2] guerriers
240 Que pour voir en un jour flétrir tant de lauriers[3] ?
Mon bras, qu'avec respect toute l'Espagne admire,
Mon bras, qui tant de fois a sauvé cet empire,
Tant de fois affermi le trône de son roi,
Trahit donc ma querelle[4], et ne fait rien pour moi ?
245 Ô cruel souvenir de ma gloire* passée !
Œuvre de tant de jours en un jour effacée !
Nouvelle dignité[5], fatale à mon bonheur !
Précipice élevé d'où tombe mon honneur !
Faut-il de votre éclat voir triompher le Comte,
250 Et mourir sans vengeance, ou vivre dans la honte ?
Comte, sois de mon prince à présent gouverneur ;
Ce haut rang n'admet point un homme sans honneur ;

---

1. Ce juste châtiment […] petit ornement : moquerie supplémentaire ; le Comte ne se vantera pas auprès du Prince d'avoir désarmé don Diègue, même s'il s'agit d'un châtiment mérité.
2. Travaux : prouesses, exploits, surtout dans le domaine militaire, en référence aux travaux d'Hercule.
3. Et ne suis-je blanchi […] tant de lauriers ? : moi que la guerre a vieilli prématurément, est-ce que je mérite qu'on ternisse ainsi ma réputation militaire ?
4. Trahit donc ma querelle : me fait défaut au moment où j'en ai besoin.
5. Nouvelle dignité : le poste qu'il vient d'obtenir (voir v. 171).

Et ton jaloux orgueil par cet affront insigne,
Malgré le choix du Roi, m'en a su rendre indigne[1].
255 Et toi[2], de mes exploits glorieux instrument,
Mais d'un corps tout de glace[3] inutile ornement,
Fer*, jadis tant à craindre, et qui, dans cette offense,
M'as servi de parade[4], et non pas de défense,
Va, quitte désormais le dernier des humains,
260 Passe, pour me venger, en de meilleures mains[5].

SCÈNE 5 : Don Diègue, Don Rodrigue

Don Diègue
Rodrigue, as-tu du cœur* ?

Don Rodrigue
                        Tout autre que mon père
L'éprouverait sur l'heure.

Don Diègue
                        Agréable colère !
Digne ressentiment à ma douleur bien doux !
Je reconnais mon sang* à ce noble courroux ;
265 Ma jeunesse revit en cette ardeur si prompte.
Viens, mon fils, viens, mon sang, viens réparer ma honte ;
Viens me venger.

---

1. Et ton jaloux orgueil [...] m'en a su rendre indigne : la défaite que le Comte lui a infligée par jalousie déshonore don Diègue, le rend indigne d'occuper sa nouvelle fonction.
2. Et toi : il s'adresse à son épée.
3. Corps tout de glace : métaphore du vieillissement, comme au v. 209.
4. Parade : parure.
5. Va [...] en de meilleures mains : il remettra son épée à une personne mieux à même de le défendre ; il s'agit de son fils Rodrigue (voir v. 261 et suivants).

Don Diègue (Roland Lepage) :
Et toi, de mes exploits glorieux instrument,
Mais d'un corps tout de glace inutile ornement,
Fer, jadis tant à craindre, et qui, dans cette offense,
M'as servi de parade, et non pas de défense,
Va, quitte désormais le dernier des humains,
Passe, pour me venger, en de meilleures mains.

Acte i, scène 4, vers 255 à 260.

Théâtre du Trident, 2004.
Mise en scène de Gervais Gaudreault.

© Louise Leblanc.

DON RODRIGUE
De quoi ?

DON DIÈGUE
D'un affront si cruel,
Qu'à l'honneur de tous deux il porte un coup mortel :
D'un soufflet. L'insolent en eût perdu la vie ;
270 Mais mon âge a trompé ma généreuse[1] envie ;
Et ce fer* que mon bras ne peut plus soutenir,
Je le remets au tien pour venger et punir.
Va contre un arrogant éprouver ton courage* :
Ce n'est que dans le sang* qu'on lave un tel outrage ;
275 Meurs, ou tue. Au surplus, pour ne te point flatter[2],
Je te donne à combattre un homme à redouter ;
Je l'ai vu, tout couvert de sang et de poussière,
Porter partout l'effroi dans une armée entière.
J'ai vu par sa valeur cent escadrons rompus[3] ;
280 Et pour t'en dire encor quelque chose de plus,
Plus que brave soldat, plus que grand capitaine,
C'est…

DON RODRIGUE
De grâce, achevez.

DON DIÈGUE
Le père de Chimène.

DON RODRIGUE
Le…

DON DIÈGUE
Ne réplique point, je connais ton amour ;
Mais qui peut vivre infâme est indigne du jour[4].

---

1. Généreuse : noble, honorable.
2. Flatter : tromper, induire en erreur.
3. Rompus : désorganisés, mis en déroute.
4. Indigne du jour : de vivre en plein jour, au vu et au su de tous ; de même au v. 314.

285 Plus l'offenseur est cher, et plus grande est l'offense.
    Enfin tu sais l'affront, et tu tiens la vengeance[1] :
    Je ne te dis plus rien. Venge-moi, venge-toi ;
    Montre-toi digne fils d'un père tel que moi.
    Accablé des malheurs où le destin me range,
290 Je vais les déplorer[2]. Va, cours, vole, et nous venge.

SCÈNE 6 : Don Rodrigue

Don Rodrigue

    Percé jusques au fond du cœur
D'une atteinte imprévue aussi bien que mortelle,
Misérable vengeur d'une juste* querelle,
Et malheureux objet[3] d'une injuste[4] rigueur,
295 Je demeure immobile, et mon âme abattue
    Cède au coup qui me tue.
    Si près de voir mon feu* récompensé,
    Ô Dieu, l'étrange peine !
    En cet affront mon père est l'offensé,
300   Et l'offenseur le père de Chimène !

    Que je sens de rudes combats !
Contre mon propre honneur mon amour s'intéresse[5].
Il faut venger un père, et perdre une maîtresse[6] :
L'un m'anime le cœur*, l'autre retient mon bras.
305 Réduit au triste choix ou de trahir ma flamme*,
    Ou de vivre en infâme,
    Des deux côtés mon mal est infini.

1. Tu tiens la vengeance : cette épée que je viens de te remettre est le moyen de nous venger.
2. Les déplorer : pleurer mes malheurs.
3. Objet : sujet, personne considérée comme victime du destin, de l'amour ou d'une autre personne.
4. Injuste : injustifiée, illégitime, non fondée.
5. S'intéresse : s'oppose à mon honneur, prend parti contre celui-ci.
6. Maîtresse : personne aimée, sans idée de tricherie maritale ni de plaisir sexuel.

Ô Dieu, l'étrange peine !
Faut-il laisser un affront impuni ?
310 Faut-il punir le père de Chimène ?

Père, maîtresse, honneur, amour,
Noble et dure contrainte, aimable tyrannie[1],
Tous mes plaisirs sont morts, ou ma gloire* ternie.
L'un me rend malheureux, l'autre indigne du jour*.
315 Cher et cruel espoir d'une âme généreuse*,
Mais ensemble[2] amoureuse,
Digne ennemi de mon plus grand bonheur,
Fer* qui cause ma peine,
M'es-tu donné pour venger mon honneur ?
320 M'es-tu donné pour perdre ma Chimène ?

Il vaut mieux courir au trépas.
Je dois à ma maîtresse aussi bien qu'à mon père :
J'attire en me vengeant sa haine et sa colère ;
J'attire ses mépris en ne me vengeant pas.
325 À mon plus doux espoir l'un me rend infidèle,
Et l'autre indigne d'elle.
Mon mal augmente à le vouloir guérir ;
Tout redouble ma peine.
Allons, mon âme ; et puisqu'il faut mourir,
330 Mourons du moins sans offenser Chimène.

Mourir sans tirer ma raison[3] !
Rechercher un trépas si mortel à ma gloire !
Endurer que l'Espagne impute à ma mémoire[4]
D'avoir mal soutenu l'honneur de ma maison* !

---

1. Aimable tyrannie : esclavage amoureux, tyrannie de l'amour.
2. Ensemble : en même temps.
3. Tirer ma raison : obtenir réparation de l'offense, me venger.
4. Impute à ma mémoire : garde de moi le souvenir d'un homme qui n'aurait pas défendu l'honneur de sa famille.

DON RODRIGUE (Patrice Godin) :
Cher et cruel espoir d'une âme généreuse,
    Mais ensemble amoureuse,
Digne ennemi de mon plus grand bonheur,
    Fer qui cause ma peine,
M'es-tu donné pour venger mon honneur ?
M'es-tu donné pour perdre ma Chimène ?

ACTE I, SCÈNE 6, VERS 315 à 320.

THÉÂTRE DENISE-PELLETIER, 1997.
MISE EN SCÈNE DE SERGE DENONCOURT.

335 Respecter un amour dont mon âme égarée
           Voit la perte assurée !
      N'écoutons plus ce penser suborneur [1],
         Qui ne sert qu'à ma peine.
      Allons, mon bras, sauvons du moins l'honneur,
340   Puisqu'après tout il faut perdre Chimène.

        Oui, mon esprit s'était déçu*.
Je dois tout à mon père avant qu'à ma maîtresse* :
Que je meure au combat, ou meure de tristesse,
Je rendrai mon sang* pur comme je l'ai reçu.
345 Je m'accuse déjà de trop de négligence :
        Courons à la vengeance ;
      Et tout honteux d'avoir tant balancé*,
         Ne soyons plus en peine,
      Puisqu'aujourd'hui mon père est l'offensé,
350   Si l'offenseur est père de Chimène.

---

1. Ce penser suborneur : cette pensée trompeuse, cette idée contraire au devoir.

ACTE II

Une salle du palais.

SCÈNE 1 : DON ARIAS, LE COMTE

LE COMTE

Je l'avoue entre nous, mon sang un peu trop chaud[1]
S'est trop ému d'un mot, et l'a porté trop haut[2] ;
Mais puisque c'en est fait, le coup est sans remède.

DON ARIAS

Qu'aux volontés du Roi ce grand courage* cède :
355 Il y prend grande part[3], et son cœur irrité
Agira contre vous de pleine autorité.
Aussi vous n'avez point de valable défense.
Le rang de l'offensé, la grandeur de l'offense,
Demandent des devoirs et des submissions[4]
360 Qui passent le commun des satisfactions[5].

LE COMTE

Le Roi peut à son gré disposer de ma vie.

DON ARIAS

De trop d'emportement votre faute est suivie.
Le Roi vous aime encore ; apaisez son courroux.
Il a dit : « Je le veux » ; désobéirez-vous ?

---

1. Sang un peu trop chaud : tempérament, caractère un peu trop vif.
2. L'a porté trop haut : y a accordé trop d'importance (à ce mot), en a exagéré la gravité.
3. Il y prend grande part : il (le Roi) s'intéresse vivement à cette affaire.
4. Submissions : soumissions.
5. Le commun des satisfactions : des satisfactions communes, des excuses ordinaires.

Le Comte

365 Monsieur, pour conserver tout ce que j'ai d'estime[1],
Désobéir un peu n'est pas un si grand crime ;
Et quelque grand qu'il[2] soit, mes services présents
Pour le faire abolir[3] sont plus que suffisants.

Don Arias

Quoi qu'on fasse d'illustre et de considérable,
370 Jamais à son sujet un roi n'est redevable.
Vous vous flattez* beaucoup, et vous devez savoir
Que qui sert bien son roi ne fait que son devoir.
Vous vous perdrez, Monsieur, sur cette confiance[4].

Le Comte

Je ne vous en croirai qu'après l'expérience.

Don Arias

375 Vous devez redouter la puissance d'un roi.

Le Comte

Un jour seul ne perd pas un homme tel que moi.
Que toute sa grandeur s'arme pour mon supplice,
Tout l'État périra, s'il faut que je périsse.

Don Arias

Quoi ! vous craignez si peu le pouvoir souverain…

Le Comte

380 D'un sceptre qui sans moi tomberait de sa main.
Il[5] a trop d'intérêt lui-même en ma personne,
Et ma tête en tombant ferait choir sa couronne.

---

1. Estime : réputation.
2. Il : mon crime.
3. Abolir : pardonner, excuser.
4. Vous vous perdrez […] sur cette confiance : vous vous condamnerez vous-même par excès de confiance, vous prendrez un grand risque si c'est ce que vous croyez.
5. Il : le pouvoir souverain, c'est-à-dire le Roi.

Don Arias

Souffrez[1] que la raison remette vos esprits.
Prenez un bon conseil.

Le Comte

Le conseil en est pris.

Don Arias

385 Que lui dirai-je enfin ? Je lui dois rendre conte[2].

Le Comte

Que je ne puis du tout consentir à ma honte[3].

Don Arias

Mais songez que les rois veulent être absolus.

Le Comte

Le sort en est jeté, Monsieur, n'en parlons plus.

Don Arias

Adieu donc, puisqu'en vain je tâche à vous résoudre[4] :
390 Avec tous vos lauriers*, craignez encor le foudre[5].

Le Comte

Je l'attendrai sans peur.

Don Arias

Mais non pas sans effet*.

Le Comte

Nous verrons donc par là don Diègue satisfait[6].
(Il est seul.)
Qui ne craint point la mort ne craint point les menaces.

---

1. Souffrez : consentez, permettez.
2. Rendre conte : rendre compte, faire rapport.
3. Que je ne puis du tout consentir à ma honte : qu'il n'est pas question que je me déshonore (en présentant des excuses).
4. En vain je tâche à vous résoudre : je m'efforce en vain de vous convaincre, de changer votre résolution.
5. Le foudre : le plus élevé des généraux, c'est-à-dire le Roi lui-même (qui peut frapper comme la foudre).
6. Satisfait : vengé, qui obtient réparation.

J'ai le cœur* au-dessus des plus fières[1] disgrâces ;
395   Et l'on peut me réduire à vivre sans bonheur,
Mais non pas me résoudre à vivre sans honneur.

La place devant le palais royal.

SCÈNE 2 : LE COMTE, DON RODRIGUE

DON RODRIGUE
À moi, Comte, deux mots.

LE COMTE
Parle.

DON RODRIGUE
Ôte-moi d'un doute.
Connais-tu bien don Diègue ?

LE COMTE
Oui.

DON RODRIGUE
Parlons bas ; écoute.
Sais-tu que ce vieillard fut la même vertu[2],
400   La vaillance et l'honneur de son temps ? le sais-tu ?

LE COMTE
Peut-être.

DON RODRIGUE
Cette ardeur que dans les yeux je porte,
Sais-tu que c'est son sang* ? le sais-tu ?

LE COMTE
Que m'importe ?

---

1. Fières : pour une chose ou une idée, élevée, noble.
2. La même vertu : le courage même, la vaillance incarnée.

Don Rodrigue

À quatre pas d'ici je te le fais savoir.

Le Comte

Jeune présomptueux !

Don Rodrigue

Parle sans t'émouvoir.

405 Je suis jeune, il est vrai ; mais aux âmes bien nées
La valeur n'attend point le nombre des années.

Le Comte

Te mesurer à moi ! qui t'a rendu si vain*,
Toi qu'on n'a jamais vu les armes à la main ?

Don Rodrigue

Mes pareils à deux fois ne se font point connaître [1],
410 Et pour leurs coups d'essai veulent des coups de maître.

Le Comte

Sais-tu bien qui je suis ?

Don Rodrigue

Oui ; tout autre que moi
Au seul bruit de ton nom pourrait trembler d'effroi.
Les palmes [2] dont je vois ta tête si couverte
Semblent porter écrit le destin de ma perte.
415 J'attaque en téméraire un bras toujours vainqueur ;
Mais j'aurai trop de force, ayant assez de cœur*.
À qui venge son père il n'est rien d'impossible.
Ton bras est invaincu, mais non pas invincible.

Le Comte

Ce grand cœur qui paraît aux discours que tu tiens,
420 Par tes yeux, chaque jour, se découvrait aux miens ;

---

1. Mes pareils à deux fois ne se font point connaître : les gens tels que moi font connaître leur valeur dès la première fois ; Chimène reprend la même idée au v. 483.
2. Les palmes : comme le laurier, les palmes sont des symboles de victoire militaire.

Et croyant voir en toi l'honneur de la Castille*,
Mon âme avec plaisir te destinait ma fille.
Je sais ta passion, et suis ravi de voir
Que tous ses mouvements cèdent à ton devoir[1] ;
425 Qu'ils n'ont point affaibli cette ardeur magnanime[2] ;
Que ta haute vertu* répond à mon estime[3] ;
Et que, voulant pour gendre un cavalier* parfait,
Je ne me trompais point au choix que j'avais fait.
Mais je sens que pour toi ma pitié s'intéresse* ;
430 J'admire ton courage*, et je plains ta jeunesse.
Ne cherche point à faire un coup d'essai fatal ;
Dispense ma valeur d'un combat inégal ;
Trop peu d'honneur pour moi suivrait cette victoire :
À vaincre sans péril, on triomphe sans gloire*.
435 On te croirait toujours abattu sans effort ;
Et j'aurais seulement le regret de ta mort.

DON RODRIGUE
D'une indigne pitié ton audace est suivie :
Qui m'ose ôter l'honneur craint de m'ôter la vie ?

LE COMTE
Retire-toi d'ici.

DON RODRIGUE
Marchons sans discourir.

LE COMTE
440 Es-tu si las de vivre ?

DON RODRIGUE
As-tu peur de mourir ?

---

1. Tous ses mouvements cèdent à ton devoir : ton devoir filial l'emporte sur les mouvements de
   la passion. En « honnête homme » du XVIIe siècle, Rodrigue privilégie l'honneur, ce qui ravit
   le Comte.

2. Magnanime : qui manifeste de la grandeur et de la force d'âme ; le Comte louange ici la
   combativité de Rodrigue, son sens du devoir, son courage d'affronter plus fort que lui.

3. Ta haute vertu répond à mon estime : ton grand courage prouve que j'avais raison de te tenir
   en estime.

Le Comte

Viens, tu fais ton devoir, et le fils dégénère
Qui survit[1] un moment à l'honneur de son père.

Chez l'Infante.

SCÈNE 3 : L'Infante, Chimène, Léonor

L'Infante

Apaise, ma Chimène, apaise ta douleur :
Fais agir ta constance[2] en ce coup de malheur.
445 Tu reverras le calme après ce faible orage ;
Ton bonheur n'est couvert que d'un peu de nuage,
Et tu n'as rien perdu pour le voir différer[3].

Chimène

Mon cœur* outré d'ennuis[4] n'ose rien espérer.
Un orage si prompt qui trouble une bonace[5]
450 D'un naufrage certain nous porte la menace ;
Je n'en saurais douter, je péris dans le port.
J'aimais, j'étais aimée, et nos pères d'accord ;
Et je vous en contais la charmante* nouvelle
Au malheureux moment que naissait leur querelle[6],
455 Dont le récit fatal, sitôt qu'on vous l'a fait,
D'une si douce attente a ruiné l'effet*.
Maudite ambition, détestable manie[7],

---

1. Le fils dégénère / Qui survit : un fils est déshonoré s'il survit.
2. Fais agir ta constance : garde ton calme, montre ta force de caractère. Faire preuve de modération en évitant la colère est l'une des valeurs classiques de l'« honnête homme ».
3. Pour le voir différer : même s'il est remis à plus tard.
4. Outré d'ennuis : accablé par la douleur, écrasé par le désespoir.
5. Bonace : tranquillité, calme (terme de la marine).
6. Et je vous en contais […] leur querelle : je vous apprenais cette nouvelle qui me ravit au moment même où, malheureusement, éclatait leur querelle.
7. Manie : incontrôlable emportement, fureur, passion qui va à l'encontre de la raison, de la modération.

Dont les plus généreux* souffrent* la tyrannie !
Honneur impitoyable à mes plus chers désirs,
460 Que tu me vas coûter de pleurs et de soupirs !

L'INFANTE

Tu n'as dans leur querelle aucun sujet de craindre :
Un moment l'a fait naître, un moment va l'éteindre.
Elle a fait trop de bruit pour ne pas s'accorder[1],
Puisque déjà le Roi les veut accommoder[2] ;
465 Et tu sais que mon âme, à tes ennuis sensible,
Pour en tarir la source[3] y fera l'impossible.

CHIMÈNE

Les accommodements ne font rien en ce point :
De si mortels affronts ne se réparent point.
En vain on fait agir la force ou la prudence :
470 Si l'on guérit le mal, ce n'est qu'en apparence.
La haine que les cœurs conservent au-dedans
Nourrit des feux[4] cachés, mais d'autant plus ardents.

L'INFANTE

Le saint nœud[5] qui joindra don Rodrigue et Chimène
Des pères ennemis dissipera la haine ;
475 Et nous verrons bientôt votre amour le plus fort
Par un heureux hymen* étouffer ce discord[6].

CHIMÈNE

Je le souhaite ainsi plus que je ne l'espère :
Don Diègue est trop altier, et je connais mon père.
Je sens couler des pleurs que je veux retenir ;
480 Le passé me tourmente, et je crains l'avenir.

---

1. S'accorder : se conclure par un accord.
2. Accommoder : réconcilier, mettre d'accord.
3. Pour en tarir la source : faire cesser tes larmes, mettre un terme à tes ennuis.
4. Feux : métaphore pour des passions dévorantes comme l'avarice, la haine, etc.
5. Le saint nœud : mariage ; voir v. 166.
6. Discord : désaccord, discorde (sens fort).

L'INFANTE

Que crains-tu ? d'un vieillard l'impuissante faiblesse ?

CHIMÈNE

Rodrigue a du courage*.

L'INFANTE

Il a trop de jeunesse.

CHIMÈNE

Les hommes valeureux le sont du premier coup[1].

L'INFANTE

Tu ne dois pas pourtant le redouter beaucoup :
485 Il est trop amoureux pour te vouloir déplaire[2] ;
Et deux mots de ta bouche arrêtent sa colère.

CHIMÈNE

S'il ne m'obéit point, quel comble à mon ennui* !
Et s'il peut m'obéir, que dira-t-on de lui ?
Étant né ce qu'il est, souffrir* un tel outrage !
490 Soit qu'il cède ou résiste au feu* qui me l'engage[3],
Mon esprit ne peut qu'être ou honteux ou confus
De son trop de respect, ou d'un juste* refus.

L'INFANTE

Chimène a l'âme haute, et quoique intéressée*,
Elle ne peut souffrir une basse pensée ;
495 Mais si jusques au jour de l'accommodement*
Je fais mon prisonnier de ce parfait amant,
Et que j'empêche ainsi l'effet* de son courage,
Ton esprit amoureux n'aura-t-il point d'ombrage[4] ?

CHIMÈNE

Ah ! Madame, en ce cas je n'ai plus de souci.

---

1. Voir v. 409-410.
2. Déplaire : causer un grand chagrin, provoquer un désespoir sans borne.
3. Qui me l'engage : qui l'engage envers moi.
4. Ombrage : inquiétude, souci.

SCÈNE 4 : L'Infante, Chimène, Léonor, Le Page

L'Infante

500 Page, cherchez Rodrigue, et l'amenez ici.

Le Page

Le comte de Gormas et lui…

Chimène

Bon Dieu ! je tremble.

L'Infante

Parlez.

Le Page

De ce palais ils sont sortis ensemble.

Chimène

Seuls ?

Le Page

Seuls, et qui semblaient tout bas se quereller.

Chimène

Sans doute, ils sont aux mains[1], il n'en faut plus parler.
505 Madame, pardonnez à cette promptitude[2]…

SCÈNE 5 : L'Infante, Léonor

L'Infante

Hélas ! que dans l'esprit je sens d'inquiétude !
Je pleure ses malheurs, son amant me ravit[3] ;

---

1. Sans doute, ils sont aux mains : il est certain qu'ils se battent en ce moment même.
2. Pardonnez à cette promptitude… : pardonnez ce départ précipité.
3. Me ravit : me charme, me plaît.

© Louise Leblanc.

L'Infante (Éva Daigle) :
Hélas ! que dans l'esprit je sens d'inquiétude !
Je pleure ses malheurs, son amant me ravit ;
Mon repos m'abandonne, et ma flamme revit.
Ce qui va séparer Rodrigue de Chimène
Fait renaître à la fois mon espoir et ma peine ;
Et leur division, que je vois à regret,
Dans mon esprit charmé jette un plaisir secret.

Léonor (Denise Verville) :
Cette haute vertu qui règne dans votre âme
Se rend-elle si tôt à cette lâche flamme ?

Acte II, scène 5, vers 506 à 514.

Théâtre du Trident, 2004.
Mise en scène de Gervais Gaudreault.

Mon repos m'abandonne, et ma flamme* revit.
Ce qui va séparer Rodrigue de Chimène
510 Fait renaître à la fois mon espoir et ma peine ;
Et leur division, que je vois à regret,
Dans mon esprit charmé* jette un plaisir secret.

LÉONOR

Cette haute vertu* qui règne dans votre âme
Se rend-elle si tôt à cette lâche flamme ?

L'INFANTE

515 Ne la nomme point lâche, à présent que chez moi
Pompeuse et triomphante elle me fait la loi [1] ;
Porte-lui du respect, puisqu'elle m'est si chère.
Ma vertu la combat, mais malgré moi, j'espère ;
Et d'un si fol espoir mon cœur* mal défendu
520 Vole après un amant que Chimène a perdu.

LÉONOR

Vous laissez choir ainsi ce glorieux courage*,
Et la raison chez vous perd ainsi son usage ?

L'INFANTE

Ah ! qu'avec peu d'effet* on entend la raison,
Quand le cœur est atteint d'un si charmant* poison !
525 Et lorsque le malade aime sa maladie,
Qu'il a peine à souffrir* que l'on y remédie !

LÉONOR

Votre espoir vous séduit [2], votre mal vous est doux ;
Mais enfin ce Rodrigue est indigne de vous.

L'INFANTE

Je ne le sais que trop ; mais si ma vertu cède,
530 Apprends comme l'amour flatte* un cœur qu'il possède.

---

1. Chez moi / Pompeuse et triomphante elle [ma lâche flamme] me fait la loi : l'Infante ne résiste
qu'avec difficulté à sa passion pour Rodrigue.
2. Vous séduit : vous trompe, vous induit en erreur.

Si Rodrigue une fois[1] sort vainqueur du combat,
Si dessous sa valeur ce grand guerrier s'abat[2],
Je puis en faire cas, je puis l'aimer sans honte.
Que ne fera-t-il point, s'il peut vaincre le Comte?
535 J'ose m'imaginer qu'à ses moindres exploits
Les royaumes entiers tomberont sous ses lois;
Et mon amour flatteur* déjà me persuade
Que je le vois assis au trône de Grenade*,
Les Mores[3] subjugués trembler en l'adorant,
540 L'Aragon* recevoir ce nouveau conquérant,
Le Portugal se rendre, et ses nobles journées
Porter delà les mers ses hautes destinées,
Du sang* des Africains arroser ses lauriers*;
Enfin tout ce qu'on dit des plus fameux guerriers,
545 Je l'attends de Rodrigue après cette victoire,
Et fais de son amour un sujet de ma gloire*.

LÉONOR

Mais, Madame, voyez où vous portez son bras,
Ensuite d'un combat[4] qui peut-être n'est pas.

L'INFANTE

Rodrigue est offensé, le Comte a fait l'outrage;
550 Ils sont sortis ensemble: en faut-il davantage?

LÉONOR

Eh bien! ils se battront, puisque vous le voulez;
Mais Rodrigue ira-t-il si loin que vous allez?

---

1. Une fois: marque ici une possibilité extraordinaire: s'il arrivait que, par chance, Rodrigue sorte vainqueur…
2. Si dessous sa valeur ce grand guerrier s'abat: si ce grand guerrier, le Comte, est abattu, vaincu par la valeur de Rodrigue.
3. Les Mores (orthographe plus courante «Maures»): Africains de religion islamique qui envahirent l'Espagne à partir du VIIe siècle; ils ont dominé un temps la plus grande part de la péninsule, mais perdirent progressivement du terrain et en furent chassés en 1492.
4. Ensuite d'un combat: à la suite d'un combat.

L'INFANTE

Que veux-tu ? je suis folle, et mon esprit s'égare :
Tu vois par là quels maux cet amour me prépare.
555 Viens dans mon cabinet[1] consoler mes ennuis*,
Et ne me quitte point dans le trouble où je suis.

Chez le Roi.

SCÈNE 6 : DON FERNAND, DON ARIAS, DON SANCHE

DON FERNAND

Le Comte est donc si vain* et si peu raisonnable !
Ose-t-il croire encor son crime pardonnable ?

DON ARIAS

Je l'ai de votre part longtemps entretenu ;
560 J'ai fait mon pouvoir[2], Sire, et n'ai rien obtenu.

DON FERNAND

Justes cieux ! ainsi donc un sujet téméraire
A si peu de respect et de soin de me plaire !
Il offense don Diègue, et méprise son roi !
Au milieu de ma cour il me donne la loi !
565 Qu'il soit brave guerrier, qu'il soit grand capitaine,
Je saurai bien rabattre une humeur si hautaine.
Fût-il la valeur même, et le dieu des combats,
Il verra ce que c'est que de n'obéir pas.
Quoi qu'ait pu mériter une telle insolence,
570 Je l'ai voulu d'abord traiter sans violence ;
Mais puisqu'il en abuse, allez dès aujourd'hui,
Soit qu'il résiste ou non, vous assurer de lui[3].

---

1. Cabinet : pièce située à l'écart, où l'on peut s'isoler.
2. J'ai fait mon pouvoir : j'ai fait mon possible, de mon mieux.
3. Vous assurer de lui : l'arrêter, l'intercepter.

DON SANCHE

Peut-être un peu de temps le rendrait moins rebelle :
On l'a pris tout bouillant encor de sa querelle ;
575 Sire, dans la chaleur d'un premier mouvement,
Un cœur* si généreux* se rend malaisément.
Il voit bien qu'il a tort, mais une âme si haute
N'est pas sitôt réduite à confesser sa faute.

DON FERNAND

Don Sanche, taisez-vous, et soyez averti
580 Qu'on se rend criminel à prendre son parti.

DON SANCHE

J'obéis, et me tais ; mais, de grâce encor, Sire,
Deux mots en sa défense.

DON FERNAND

                                    Et que pourrez-vous dire ?

DON SANCHE

Qu'une âme accoutumée aux grandes actions
Ne se peut abaisser à des submissions* :
585 Elle n'en conçoit point qui s'expliquent sans honte ;
Et c'est à ce mot seul qu'a résisté le Comte.
Il trouve en son devoir un peu trop de rigueur,
Et vous obéirait, s'il avait moins de cœur.
Commandez que son bras, nourri dans les alarmes[1],
590 Répare cette injure à la pointe des armes ;
Il satisfera[2], Sire ; et vienne qui voudra,
Attendant qu'il l'ait su, voici qui répondra[3].

DON FERNAND

Vous perdez le respect ; mais je pardonne à l'âge,
Et j'excuse l'ardeur en un jeune courage*.

---

1. Alarmes : émotions causées par l'ennemi (à l'arme !).
2. Il satisfera : ce verbe peut avoir le sens de « se plier à la volonté du Roi » ou de « réparer son honneur par les armes ».
3. Voici qui répondra : voici ce que sera sa réponse. Selon don Sanche, le Comte, en soldat valeureux, est prêt à affronter n'importe quel adversaire pour préserver son honneur.

595 Un roi dont la prudence a de meilleurs objets[1]
     Est meilleur ménager du sang* de ses sujets :
     Je veille pour les miens, mes soucis les conservent,
     Comme le chef[2] a soin des membres qui le servent.
     Ainsi votre raison n'est pas raison pour moi :
600 Vous parlez en soldat, je dois agir en roi ;
     Et quoi qu'on veuille dire, et quoi qu'il ose croire,
     Le Comte à m'obéir ne peut perdre sa gloire*.
     D'ailleurs l'affront me touche : il a perdu d'honneur
     Celui que de mon fils j'ai fait le gouverneur[3] ;
605 S'attaquer à mon choix, c'est se prendre à moi-même,
     Et faire un attentat sur le pouvoir suprême.
     N'en parlons plus. Au reste, on a vu dix vaisseaux
     De nos vieux ennemis[4] arborer des drapeaux ;
     Vers la bouche du fleuve ils ont osé paraître.

DON ARIAS

610 Les Mores* ont appris par force à vous connaître,
     Et tant de fois vaincus, ils ont perdu le cœur
     De se plus hasarder contre un si grand vainqueur.

DON FERNAND

     Ils ne verront jamais sans quelque jalousie
     Mon sceptre, en dépit d'eux, régir l'Andalousie ;
615 Et ce pays si beau, qu'ils ont trop possédé[5],
     Avec un œil d'envie est toujours regardé.
     C'est l'unique raison qui m'a fait dans Séville*
     Placer depuis dix ans le trône de Castille*,
     Pour les voir de plus près, et d'un ordre plus prompt
620 Renverser aussitôt ce qu'ils entreprendront.

---

1. De meilleurs objets : des intentions plus nobles que d'envoyer ses sujets en combats singuliers.
2. Chef : tête.
3. Il a perdu d'honneur […] le gouverneur : il a terni l'honneur de celui que j'ai fait le gouverneur de mon fils.
4. Nos vieux ennemis : nos ennemis de longue date, les Maures.
5. Qu'ils ont trop possédé : qu'ils dominent depuis trop longtemps.

Don Arias

Ils savent aux dépens de leurs plus dignes têtes
Combien votre présence assure vos conquêtes :
Vous n'avez rien à craindre.

Don Fernand

              Et rien à négliger.
Le trop de confiance attire le danger ;
625 Et vous n'ignorez pas qu'avec fort peu de peine
Un flux[1] de pleine mer jusqu'ici les amène.
Toutefois j'aurais tort de jeter dans les cœurs*,
L'avis étant mal sûr[2], de paniques terreurs.
L'effroi que produirait cette alarme* inutile,
630 Dans la nuit qui survient troublerait trop la ville :
Faites doubler la garde aux murs et sur le port
C'est assez pour ce soir.

SCÈNE 7 : Don Fernand, Don Sanche, Don Alonse

Don Alonse

              Sire, le Comte est mort.
Don Diègue, par son fils, a vengé son offense.

Don Fernand

Dès que j'ai su l'affront, j'ai prévu la vengeance ;
635 Et j'ai voulu dès lors prévenir[3] ce malheur.

Don Alonse

Chimène à vos genoux apporte sa douleur ;
Elle vient toute en pleurs vous demander justice.

---

1. Un flux de pleine mer : une marée propice.
2. L'avis étant mal sûr : la nouvelle n'étant pas encore confirmée.
3. Prévenir : empêcher.

DON FERNAND

Bien qu'à ses déplaisirs* mon âme compatisse,
Ce que le Comte a fait semble avoir mérité
640 Ce digne[1] châtiment de sa témérité.
Quelque juste* pourtant que puisse être sa peine,
Je ne puis sans regret perdre un tel capitaine.
Après un long service à mon État rendu,
Après son sang* pour moi mille fois répandu,
645 À quelques sentiments que son orgueil m'oblige,
Sa perte m'affaiblit, et son trépas m'afflige.

SCÈNE 8 : DON FERNAND, DON DIÈGUE, CHIMÈNE, DON SANCHE, DON ARIAS, DON ALONSE

CHIMÈNE

Sire, Sire, justice!

DON DIÈGUE
Ah! Sire, écoutez-nous.

CHIMÈNE

Je me jette à vos pieds.

DON DIÈGUE
J'embrasse vos genoux.

CHIMÈNE

Je demande justice.

DON DIÈGUE
Entendez ma défense.

---

1. Digne : juste, approprié, mérité.

Chimène

650 D'un jeune audacieux punissez l'insolence :
Il a de votre sceptre abattu le soutien,
Il a tué mon père.

Don Diègue

Il a vengé le sien.

Chimène

Au sang* de ses sujets[1] un roi doit la justice.

Don Diègue

Pour la juste* vengeance il n'est point de supplice[2].

Don Fernand

655 Levez-vous l'un et l'autre, et parlez à loisir.
Chimène, je prends part à votre déplaisir* ;
D'une égale douleur je sens mon âme atteinte.
(À don Diègue.)
Vous parlerez après ; ne troublez pas sa plainte.

Chimène

Sire, mon père est mort ; mes yeux ont vu son sang
660 Couler à gros bouillons de son généreux* flanc ;
Ce sang qui tant de fois garantit vos murailles,
Ce sang qui tant de fois vous gagna des batailles,
Ce sang qui tout sorti fume encor de courroux
De se voir répandu pour d'autres que pour vous,
665 Qu'au milieu des hasards n'osait verser la guerre,
Rodrigue en votre cour vient d'en couvrir la terre.
J'ai couru sur le lieu, sans force et sans couleur ;
Je l'ai trouvé sans vie. Excusez ma douleur,
Sire, la voix me manque à ce récit funeste[3] ;
670 Mes pleurs et mes soupirs vous diront mieux le reste.

---

1. Au sang de ses sujets : si le sang d'un de ses sujets est versé.
2. Il n'est point de supplice : lorsque la vengeance est justifiée, la justice royale n'a pas à punir par un supplice ou une sentence.
3. Funeste : sinistre, tragique.

Don Fernand

Prends courage, ma fille, et sache qu'aujourd'hui
Ton roi te veut servir de père au lieu de lui.

Chimène

Sire, de trop d'honneur ma misère est suivie.
Je vous l'ai déjà dit, je l'ai trouvé sans vie ;
675 Son flanc était ouvert ; et pour mieux m'émouvoir,
Son sang sur la poussière écrivait mon devoir ;
Ou plutôt sa valeur en cet état réduite
Me parlait par sa plaie, et hâtait ma poursuite[1] ;
Et, pour se faire entendre au plus juste des rois,
680 Par cette triste bouche elle empruntait ma voix.
    Sire, ne souffrez* pas que sous votre puissance
Règne devant vos yeux une telle licence[2] ;
Que les plus valeureux, avec impunité,
Soient exposés aux coups de la témérité ;
685 Qu'un jeune audacieux triomphe de leur gloire*,
Se baigne dans leur sang*, et brave leur mémoire.
Un si vaillant guerrier qu'on vient de vous ravir
Éteint, s'il n'est vengé, l'ardeur de vous servir.
    Enfin mon père est mort, j'en demande vengeance,
690 Plus pour votre intérêt que pour mon allégeance[3].
Vous perdez en la mort d'un homme de son rang :
Vengez-la par une autre, et le sang par le sang.
Immolez, non à moi, mais à votre couronne,
Mais à votre grandeur, mais à votre personne ;
695 Immolez, dis-je, Sire, au bien de tout l'État
Tout ce qu'enorgueillit un si haut attentat[4].

Don Fernand

Don Diègue, répondez.

---

1. Hâtait ma poursuite : au sens judiciaire, m'ordonnait de presser ma démarche, d'agir au plus vite.
2. Licence : liberté excessive, audace immorale ou qui provoque le désordre.
3. Pour mon allégeance : pour alléger ma peine, atténuer ma souffrance.
4. Tout ce qu'enorgueillit un si haut attentat : tous ceux qui s'enorgueillissent d'un si grand crime.

DON DIÈGUE

Qu'on est digne d'envie
Lorsqu'en perdant la force on perd aussi la vie,
Et qu'un long âge apprête[1] aux hommes généreux*,
700 Au bout de leur carrière, un destin malheureux !
Moi, dont les longs travaux* ont acquis tant de gloire*,
Moi, que jadis partout a suivi la victoire,
Je me vois aujourd'hui, pour avoir trop vécu,
Recevoir un affront et demeurer vaincu.
705 Ce que n'a pu jamais combat, siège, embuscade,
Ce que n'a pu jamais Aragon* ni Grenade*,
Ni tous vos ennemis, ni tous mes envieux,
Le Comte en votre cour l'a fait presque à vos yeux,
Jaloux de votre choix, et fier[2] de l'avantage
710 Que lui donnait sur moi l'impuissance de l'âge.
Sire, ainsi ces cheveux blanchis sous le harnois[3],
Ce sang* pour vous servir prodigué tant de fois,
Ce bras, jadis l'effroi d'une armée ennemie,
Descendaient au tombeau tout chargés d'infamie,
715 Si je n'eusse produit un fils digne de moi,
Digne de son pays et digne de son roi.
Il m'a prêté sa main, il a tué le Comte ;
Il m'a rendu l'honneur, il a lavé ma honte.
Si montrer du courage* et du ressentiment,
720 Si venger un soufflet mérite un châtiment,
Sur moi seul doit tomber l'éclat de la tempête :
Quand le bras a failli[4], l'on en punit la tête.
Qu'on nomme crime, ou non, ce qui fait nos débats,
Sire, j'en suis la tête, il n'en est que le bras.

---

1. Apprête : prépare, amène.
2. Fier de l'avantage : rendu violent ou intrépide par l'avantage.
3. Harnois : armure, tenue de combat.
4. A failli : a commis une faute, un péché.

725 Si Chimène se plaint qu'il a tué son père,
    Il ne l'eût jamais fait si je l'eusse pu faire.
    Immolez donc ce chef* que les ans vont ravir,
    Et conservez pour vous le bras qui peut servir.
    Aux dépens de mon sang satisfaites* Chimène :
730 Je n'y résiste point, je consens à ma peine ;
    Et loin de murmurer d'un rigoureux décret[1],
    Mourant sans déshonneur, je mourrai sans regret.

DON FERNAND

L'affaire est d'importance, et, bien considérée,
Mérite en plein conseil d'être délibérée.
735   Don Sanche, remettez Chimène en sa maison.
    Don Diègue aura ma cour et sa foi[2] pour prison.
    Qu'on me cherche son fils. Je vous ferai justice.

CHIMÈNE

Il est juste*, grand Roi, qu'un meurtrier périsse.

DON FERNAND

Prends du repos, ma fille, et calme tes douleurs.

CHIMÈNE

740 M'ordonner du repos, c'est croître mes malheurs.

---

1. Et loin de murmurer d'un rigoureux décret : et plutôt que de contester une décision
   si implacable.
2. Foi : promesse, engagement.

ACTE III

Chez Chimène.

SCÈNE 1 : Don Rodrigue, Elvire

Elvire
Rodrigue, qu'as-tu fait ? où viens-tu, misérable[1] ?

Don Rodrigue
Suivre le triste cours de mon sort déplorable.

Elvire
Où prends-tu cette audace et ce nouvel orgueil
De paraître en des lieux que tu remplis de deuil ?
745 Quoi ! viens-tu jusqu'ici braver l'ombre du Comte ?
Ne l'as-tu pas tué ?

Don Rodrigue
                        Sa vie était ma honte ;
Mon honneur de ma main a voulu cet effort.

Elvire
Mais chercher ton asile en la maison du mort !
Jamais un meurtrier en fit-il son refuge ?

Don Rodrigue
750 Et je n'y viens aussi que m'offrir à mon juge.
Ne me regarde plus d'un visage étonné ;
Je cherche le trépas après l'avoir donné.
Mon juge est mon amour, mon juge est ma Chimène :
Je mérite la mort de mériter[2] sa haine,

---

1. Où viens-tu, misérable ? : te rends-tu compte de l'endroit où tu viens, toi qui es cause de douleur et de misère ?

2. De mériter : puisque je ne mérite que.

755 Et j'en viens recevoir, comme un bien souverain,
   Et l'arrêt[1] de sa bouche, et le coup de sa main.

ELVIRE

Fuis plutôt de ses yeux, fuis de sa violence ;
À ses premiers transports[2] dérobe ta présence :
Va, ne t'expose point aux premiers mouvements
760 Que poussera l'ardeur de ses ressentiments.

DON RODRIGUE

Non, non, ce cher objet* à qui j'ai pu déplaire*
Ne peut pour mon supplice avoir trop de colère ;
Et j'évite cent morts qui me vont accabler,
Si pour mourir plus tôt je puis la redoubler[3].

ELVIRE

765 Chimène est au palais, de pleurs toute baignée,
   Et n'en reviendra point que bien accompagnée.
   Rodrigue, fuis, de grâce, ôte-moi de souci[4].
   Que ne dira-t-on point si l'on te voit ici ?
   Veux-tu qu'un médisant, pour comble à sa misère,
770 L'accuse d'y souffrir* l'assassin de son père ?
   Elle va revenir ; elle vient, je la vois[5] :
   Du moins, pour son honneur, Rodrigue, cache-toi.

SCÈNE 2 : DON SANCHE, CHIMÈNE, ELVIRE

DON SANCHE

Oui, Madame, il vous faut de sanglantes victimes :
Votre colère est juste*, et vos pleurs légitimes ;

---

1. J'en viens recevoir […] l'arrêt : je viens recevoir d'elle la sentence de mort.
2. Ses premiers transports : sa première réaction émotive.
3. La redoubler : redoubler la colère de Chimène pour mourir plus tôt.
4. Ôte-moi de souci : libère-moi de mes soucis, évite-moi d'avoir des problèmes.
5. Je la vois : licence poétique, forme qui permet une « rime pour l'œil » : « voi/toi ».

775 Et je n'entreprends pas, à force de parler[1],
Ni de vous adoucir, ni de vous consoler.
Mais si de vous servir je puis être capable,
Employez mon épée à punir le coupable ;
Employez mon amour à venger cette mort :
780 Sous vos commandements mon bras sera trop fort.

CHIMÈNE

Malheureuse !

DON SANCHE

De grâce, acceptez mon service[2].

CHIMÈNE

J'offenserais le Roi, qui m'a promis justice.

DON SANCHE

Vous savez qu'elle marche avec tant de langueur[3],
Qu'assez souvent le crime échappe à sa longueur[4] ;
785 Son cours lent et douteux fait trop perdre de larmes.
Souffrez* qu'un cavalier* vous venge par les armes :
La voie en est plus sûre, et plus prompte à punir.

CHIMÈNE

C'est le dernier remède ; et s'il faut y venir,
Et que de mes malheurs cette pitié vous dure[5],
790 Vous serez libre alors de venger mon injure[6].

DON SANCHE

C'est l'unique bonheur où mon âme prétend ;
Et, pouvant l'espérer, je m'en vais trop content.

---

1. À force de parler : même si je vous en parle longuement.
2. Acceptez mon service : acceptez que je me mette à votre service (sens chevaleresque).
3. Elle marche avec tant de langueur : la justice progresse si lentement.
4. Échappe à sa longueur : demeure impuni à cause de sa lenteur.
5. S'il y faut venir [...] vous dure : s'il faut en arriver à ce point et si, à ce moment, vous avez toujours pitié de mes malheurs.
6. Venger mon injure : me venger de l'injure que j'ai subie.

SCÈNE 3 : Chimène, Elvire

Chimène

Enfin je me vois libre, et je puis, sans contrainte,
De mes vives douleurs te faire voir l'atteinte ;
795 Je puis donner passage à mes tristes soupirs ;
Je puis t'ouvrir mon âme et tous mes déplaisirs*.

     Mon père est mort, Elvire ; et la première épée
Dont s'est armé Rodrigue, a sa trame coupée[1].
Pleurez, pleurez, mes yeux, et fondez-vous en eau !
800 La moitié de ma vie a mis l'autre au tombeau,
Et m'oblige à venger, après ce coup funeste*,
Celle[2] que je n'ai plus sur celle qui me reste.

Elvire

Reposez-vous, Madame.

Chimène

        Ah ! que mal à propos
Dans un malheur si grand tu parles de repos !
805 Par où sera jamais ma douleur apaisée,
Si je ne puis haïr la main qui l'a causée ?
Et que dois-je espérer qu'un tourment éternel[3]
Si je poursuis un crime, aimant le criminel ?

Elvire

Il vous prive d'un père, et vous l'aimez encore !

Chimène

810 C'est peu de dire aimer, Elvire, je l'adore ;
Ma passion s'oppose à mon ressentiment ;
Dedans mon ennemi je trouve mon amant ;
Et je sens qu'en dépit de toute ma colère,

---

1. La première épée […] a sa trame coupée : la première fois où Rodrigue s'est servi de son épée, il a coupé la trame de la vie de mon père.
2. Celle : la moitié qui est au tombeau, c'est-à-dire son père.
3. Et que dois-je espérer qu'un tourment éternel : que puis-je espérer d'autre que d'être tourmentée jusqu'à la fin de ma vie.

Rodrigue dans mon cœur combat encor mon père.
815 Il l'attaque, il le presse, il cède, il se défend,
Tantôt fort, tantôt faible, et tantôt triomphant;
Mais, en ce dur combat de colère et de flamme*,
Il déchire mon cœur* sans partager mon âme[1];
Et quoi que mon amour ait sur moi de pouvoir,
820 Je ne consulte point pour[2] suivre mon devoir:
Je cours sans balancer* où mon honneur m'oblige.
Rodrigue m'est bien cher, son intérêt[3] m'afflige;
Mon cœur prend son parti; mais, malgré son effort[4],
Je sais ce que je suis, et que mon père est mort.

ELVIRE

825 Pensez-vous le poursuivre?

CHIMÈNE

Ah! cruelle pensée!
Et cruelle poursuite où je me vois forcée!
Je demande sa tête, et crains de l'obtenir:
Ma mort suivra la sienne, et je le veux punir!

ELVIRE

Quittez, quittez, Madame, un dessein si tragique;
830 Ne vous imposez point de loi si tyrannique.

CHIMÈNE

Quoi! mon père étant mort, et presque entre mes bras,
Son sang* criera vengeance, et je ne l'orrai[5] pas!
Mon cœur, honteusement surpris par d'autres charmes*,
Croira ne lui devoir que d'impuissantes larmes!
835 Et je pourrai souffrir* qu'un amour suborneur*
Sous un lâche silence étouffe mon honneur!

---

1. Sans partager mon âme: sans s'associer à ma volonté (d'obtenir justice). «Cœur» et «âme»
   illustrent le conflit raison/passion que renforce le jeu de mots «déchire/partager».
2. Je ne consulte point pour: je n'hésite pas à.
3. Son intérêt: l'intérêt, l'amour que j'ai pour lui.
4. Malgré son effort: malgré les efforts que me coûte l'amour.
5. Orrai: entendrai (futur simple du verbe «ouïr»).

Elvire

Madame, croyez-moi, vous serez excusable
D'avoir moins de chaleur contre un objet* aimable,
Contre un amant si cher : vous avez assez fait,
840 Vous avez vu le Roi ; n'en pressez point l'effet*,
Ne vous obstinez point en cette humeur étrange.

Chimène

Il y va de ma gloire*, il faut que je me venge ;
Et de quoi que nous flatte* un désir amoureux[1],
Toute excuse est honteuse aux esprits généreux*.

Elvire

845 Mais vous aimez Rodrigue, il ne peut vous déplaire*.

Chimène

Je l'avoue.

Elvire

Après tout, que pensez-vous donc faire ?

Chimène

Pour conserver ma gloire et finir mon ennui*,
Le poursuivre, le perdre[2], et mourir après lui.

SCÈNE 4 : Don Rodrigue, Chimène, Elvire

Don Rodrigue

Eh bien ! sans vous donner la peine de poursuivre,
850 Assurez-vous l'honneur de m'empêcher de vivre.

---

1. Et de quoi que nous flatte un désir amoureux : quelles que soient les tentations engendrées par le désir amoureux.
2. Le perdre : obtenir du Roi que Rodrigue soit condamné à mort.

CHIMÈNE

Elvire, où sommes-nous, et qu'est-ce que je voi[1]?
Rodrigue en ma maison! Rodrigue devant moi!

DON RODRIGUE

N'épargnez point mon sang* : goûtez sans résistance
La douceur de ma perte et de votre vengeance.

CHIMÈNE

855 Hélas!

DON RODRIGUE

Écoute-moi.

CHIMÈNE

Je me meurs.

DON RODRIGUE

Un moment.

CHIMÈNE

Va, laisse-moi mourir.

DON RODRIGUE

Quatre mots seulement :
Après, ne me réponds qu'avecque[2] cette épée.

CHIMÈNE

Quoi! du sang de mon père encor toute trempée!

DON RODRIGUE

Ma Chimène...

CHIMÈNE

Ôte-moi cet objet odieux,
860 Qui reproche ton crime et ta vie à mes yeux.

---

1. Je voi : voir v. 771.
2. Avecque : forme ancienne de « avec », permettant d'obtenir une syllabe supplémentaire.

DON RODRIGUE

Regarde-le plutôt pour exciter ta haine,
Pour croître ta colère, et pour hâter ma peine[1].

CHIMÈNE

Il est teint de mon sang.

DON RODRIGUE

                         Plonge-le dans le mien,
Et fais-lui perdre ainsi la teinture du tien.

CHIMÈNE

865 Ah! quelle cruauté, qui tout en un jour tue
Le père par le fer*, la fille par la vue[2]!
Ôte-moi cet objet, je ne le puis souffrir* :
Tu veux que je t'écoute, et tu me fais mourir !

DON RODRIGUE

Je fais ce que tu veux, mais sans quitter l'envie
870 De finir par tes mains ma déplorable vie ;
Car enfin n'attends pas de mon affection
Un lâche repentir d'une bonne action.
L'irréparable effet* d'une chaleur trop prompte[3]
Déshonorait mon père, et me couvrait de honte.
875 Tu sais comme un soufflet touche un homme de cœur* ;
J'avais part à l'affront, j'en ai cherché l'auteur :
Je l'ai vu, j'ai vengé mon honneur et mon père ;
Je le ferais encor, si j'avais à le faire.
Ce n'est pas qu'en effet, contre mon père et moi,
880 Ma flamme* assez longtemps n'ait combattu pour toi ;
Juge de son pouvoir : dans une telle offense
J'ai pu délibérer[4] si j'en prendrais vengeance.
Réduit à te déplaire*, ou souffrir un affront,

---

1. Peine : punition, châtiment.
2. Tue […] la fille par la vue : Chimène, à la vue de l'épée trempée du sang de son père, éprouve une souffrance proche de la mort (voir v. 855, 856 et 868).
3. Chaleur trop prompte : colère précipitée, emportement vif ; au v. 351, le Comte lui-même avouait, après avoir donné un soufflet à don Diègue, avoir eu le « sang un peu trop chaud ».
4. J'ai pu délibérer : je me suis longuement demandé.

Don Rodrigue (Patrice Godin)
à Chimène (Céline Bonnier) :

Immole avec courage au sang qu'il a perdu
Celui qui met sa gloire à l'avoir répandu.
[…]
Je mourrai trop heureux, mourant d'un coup si beau.

Acte III, scène 4, vers 903-904 et 939.

Théâtre Denise-Pelletier, 1997.
Mise en scène de Serge Denoncourt.

© Josée Lambert.

J'ai pensé qu'à son tour mon bras était trop prompt ;
885 Je me suis accusé de trop de violence ;
Et ta beauté sans doute emportait la balance,
À moins que d'opposer à tes plus forts appas*
Qu'un homme sans honneur ne te méritait pas[1] ;
Que malgré cette part que j'avais en ton âme[2],
890 Qui m'aima généreux* me haïrait infâme ;
Qu'écouter ton amour, obéir à sa voix,
C'était m'en rendre indigne et diffamer ton choix[3].
Je te le dis encore, et, quoique j'en soupire,
Jusqu'au dernier soupir je veux bien le redire :
895 Je t'ai fait une offense, et j'ai dû m'y porter[4]
Pour effacer ma honte, et pour te mériter ;
Mais quitte envers l'honneur, et quitte envers mon père,
C'est maintenant à toi que je viens satisfaire* :
C'est pour t'offrir mon sang* qu'en ce lieu tu me vois.
900 J'ai fait ce que j'ai dû, je fais ce que je dois.
Je sais qu'un père mort t'arme contre mon crime[5] ;
Je ne t'ai pas voulu dérober ta victime :
Immole avec courage* au sang qu'il a perdu
Celui qui met sa gloire* à l'avoir répandu[6].

CHIMÈNE

905 Ah ! Rodrigue, il est vrai, quoique ton ennemie,
Je ne puis te blâmer d'avoir fui l'infamie ;
Et de quelque façon qu'éclatent mes douleurs,
Je ne t'accuse point, je pleure mes malheurs.
Je sais ce que l'honneur, après un tel outrage,

---

1. Et ta beauté sans doute […] ne te méritait pas : ta beauté et tes attraits auraient triomphé de ma détermination ; mais la pensée qu'un homme sans honneur ne pouvait te mériter a fait pencher la balance.
2. Cette part que j'avais en ton âme : la place que je tenais dans ton cœur.
3. Diffamer ton choix : me rendre infâme, indigne d'être choisi par toi.
4. M'y porter : m'y résoudre, m'y contraindre.
5. Un père mort t'arme contre mon crime : le fait que j'aie tué ton père me rend criminel et sa mort t'anime contre moi.
6. Immole avec courage […] à l'avoir répandu : sacrifie au sang que ton père a perdu le sang de celui qui s'honore de l'avoir répandu.

910 Demandait à l'ardeur d'un généreux* courage* :
Tu n'as fait le devoir que d'un homme de bien ;
Mais aussi, le faisant, tu m'as appris le mien.
Ta funeste* valeur m'instruit par ta victoire ;
Elle a vengé ton père et soutenu ta gloire* :
915 Même soin me regarde, et j'ai, pour m'affliger,
Ma gloire à soutenir, et mon père à venger.
Hélas ! ton intérêt* ici me désespère.
Si quelque autre malheur m'avait ravi mon père,
Mon âme aurait trouvé dans le bien [1] de te voir
920 L'unique allégement qu'elle eût pu recevoir ;
Et contre ma douleur j'aurais senti des charmes*,
Quand une main si chère eût essuyé mes larmes.
Mais il me faut te perdre [2] après l'avoir perdu ;
Cet effort sur ma flamme [3] à mon honneur est dû ;
925 Et cet affreux devoir, dont l'ordre m'assassine,
Me force à travailler moi-même à ta ruine [4].
Car enfin n'attends pas de mon affection
De lâches sentiments pour ta punition [5].
De quoi qu'en ta faveur notre amour m'entretienne [6],
930 Ma générosité doit répondre à la tienne :
Tu t'es, en m'offensant, montré digne de moi ;
Je me dois, par ta mort, montrer digne de toi.

Don Rodrigue

Ne diffère donc plus ce que l'honneur t'ordonne :
Il demande ma tête, et je te l'abandonne ;
935 Fais-en un sacrifice à ce noble intérêt :

---

1. Le bien : le bonheur.
2. Te perdre : te condamner à mort (voir v. 848). On peut aussi y voir un jeu de mots, « te perdre » signifiant aussi « être dépossédé de toi ».
3. Cet effort sur ma flamme : c'est un lourd devoir que de chercher vengeance, car je dois sacrifier l'amour que j'ai pour toi.
4. Ta ruine : ta perte, ta mort (voir « perdre » au v. 848 et 923).
5. N'attends pas [...] pour ta punition : ne t'attends pas à ce que mon amour pour toi me fasse renoncer à te faire condamner.
6. De quoi qu'en [...] m'entretienne : quelles que soient les pensées que l'amour m'inspire en ta faveur.

Le coup m'en sera doux, aussi bien que l'arrêt*.
Attendre après mon crime une lente justice,
C'est reculer ta gloire autant que mon supplice.
Je mourrai trop heureux, mourant d'un coup si beau.

CHIMÈNE

940 Va, je suis ta partie [1], et non pas ton bourreau.
Si tu m'offres ta tête, est-ce à moi de la prendre ?
Je la dois attaquer, mais tu dois la défendre ;
C'est d'un autre que toi qu'il me faut l'obtenir,
Et je dois te poursuivre, et non pas te punir.

DON RODRIGUE

945 De quoi qu'en ma faveur notre amour t'entretienne,
Ta générosité doit répondre à la mienne ;
Et pour venger un père emprunter d'autres bras,
Ma Chimène, crois-moi, c'est n'y répondre pas :
Ma main seule du mien [2] a su venger l'offense,
950 Ta main seule du tien doit prendre la vengeance.

CHIMÈNE

Cruel ! à quel propos [3] sur ce point t'obstiner ?
Tu t'es vengé sans aide, et tu m'en veux donner [4] !
Je suivrai ton exemple, et j'ai trop de courage
Pour souffrir* qu'avec toi ma gloire se partage.
955 Mon père et mon honneur ne veulent rien devoir
Aux traits* de ton amour, ni de ton désespoir [5].

DON RODRIGUE

Rigoureux point d'honneur ! hélas ! quoi que je fasse,
Ne pourrai-je à la fin obtenir cette grâce [6] ?

---

1. Ta partie : ton adversaire, en termes juridiques.
2. Du mien : de mon père.
3. À quel propos : pour quelle raison.
4. Tu m'en veux donner : de l'aide.
5. Rien devoir [...] ton désespoir : Chimène ne veut pas d'une vengeance que Rodrigue s'infligerait lui-même (ou à laquelle il participerait) par amour pour elle ; elle veut être totalement responsable du châtiment qui sera infligé à Rodrigue.
6. Cette grâce : celle de mourir de la main de Chimène (voir v. 933 à 939).

Au nom d'un père mort, ou de notre amitié[1],
960 Punis-moi par vengeance, ou du moins par pitié.
Ton malheureux amant aura bien moins de peine
À mourir par ta main qu'à vivre avec ta haine.

CHIMÈNE

Va, je ne te hais point.

DON RODRIGUE
Tu le dois.

CHIMÈNE
Je ne puis.

DON RODRIGUE

Crains-tu si peu le blâme, et si peu les faux bruits[2]?
965 Quand on saura mon crime, et que ta flamme* dure,
Que ne publieront point l'envie et l'imposture[3]!
Force-les au silence, et sans plus discourir,
Sauve ta renommée en me faisant mourir.

CHIMÈNE

Elle[4] éclate bien mieux en te laissant la vie;
970 Et je veux que la voix de la plus noire envie
Élève au ciel ma gloire* et plaigne mes ennuis*,
Sachant que je t'adore et que je te poursuis.
Va-t'en, ne montre plus à ma douleur extrême
Ce qu'il faut que je perde, encore que je l'aime.
975 Dans l'ombre de la nuit cache bien ton départ;
Si l'on te voit sortir, mon honneur court hasard[5].
La seule occasion qu'aura la médisance,
C'est de savoir qu'ici j'ai souffert ta présence:
Ne lui donne point lieu d'attaquer ma vertu*.

---

1. Amitié: euphémisme pour amour.
2. Les faux bruits: les fausses rumeurs, les calomnies et les mensonges.
3. Que ne publieront point l'envie et l'imposture: la jalousie et le mensonge feront que tu seras décriée sur la place publique.
4. Elle: ma renommée.
5. Court hasard: est en danger, en jeu.

DON RODRIGUE

980 Que je meure !

CHIMÈNE

Va-t'en.

DON RODRIGUE

À quoi te résous-tu ?

CHIMÈNE

Malgré des feux* si beaux, qui troublent ma colère,
Je ferai mon possible à bien venger mon père ;
Mais malgré la rigueur d'un si cruel devoir,
Mon unique souhait est de ne rien pouvoir [1].

DON RODRIGUE

985 Ô miracle d'amour !

CHIMÈNE

Ô comble de misères !

DON RODRIGUE

Que de maux et de pleurs nous coûteront nos pères !

CHIMÈNE

Rodrigue, qui l'eût cru ?

DON RODRIGUE

Chimène, qui l'eût dit ?

CHIMÈNE

Que notre heur [2] fût si proche, et sitôt se perdît ?

RODRIGUE

Et que si près du port, contre toute apparence,
990 Un orage si prompt brisât notre espérance ?

CHIMÈNE

Ah ! mortelles douleurs !

---

1. Ne rien pouvoir : ne rien pouvoir faire contre toi.
2. Heur : bonheur.

Don Rodrigue
Ah ! regrets superflus !

Chimène
Va-t'en, encore un coup[1], je ne t'écoute plus.

Don Rodrigue
Adieu : je vais traîner une mourante vie,
Tant que par ta poursuite elle me soit ravie[2].

Chimène
995 Si j'en obtiens l'effet*, je t'engage ma foi*
De ne respirer pas un moment après toi.
Adieu : sors, et surtout garde bien qu'on te voie.

Elvire
Madame, quelques maux que le ciel* nous envoie…

Chimène
Ne m'importune plus, laisse-moi soupirer.
1000 Je cherche le silence et la nuit pour pleurer.

La place publique.

SCÈNE 5 : Don Diègue

Don Diègue
Jamais nous ne goûtons de parfaite allégresse :
Nos plus heureux succès sont mêlés de tristesse ;
Toujours quelques soucis en ces événements
Troublent la pureté de nos contentements.
1005 Au milieu du bonheur mon âme en sent l'atteinte :
Je nage dans la joie, et je tremble de crainte.

---

1. Encore un coup : une nouvelle fois, je te le répète.
2. Tant que par ta poursuite elle me soit ravie : jusqu'à ce que ta poursuite en justice m'enlève la vie.

J'ai vu mort l'ennemi qui m'avait outragé,
Et je ne saurais voir la main qui m'a vengé.
En vain je m'y travaille[1], et d'un soin inutile,
1010 Tout cassé que je suis, je cours toute la ville :
Ce peu que mes vieux ans m'ont laissé de vigueur
Se consume sans fruit[2] à chercher ce vainqueur.
À toute heure, en tous lieux, dans une nuit si sombre,
Je pense l'embrasser, et n'embrasse qu'une ombre ;
1015 Et mon amour, déçu* par cet objet trompeur[3],
Se forme des soupçons[4] qui redoublent ma peur.
Je ne découvre point de marques de sa fuite ;
Je crains du Comte mort les amis et la suite[5] ;
Leur nombre m'épouvante et confond ma raison.
1020 Rodrigue ne vit plus, ou respire en prison.
Justes cieux ! me trompé-je encore à l'apparence[6],
Ou si je vois enfin mon unique espérance ?
C'est lui, n'en doutons plus ; mes vœux sont exaucés,
Ma crainte est dissipée, et mes ennuis* cessés.

SCÈNE 6 : Don Dièguе, Don Rodrigue

Don Dièguе

1025 Rodrigue, enfin le ciel permet que je te voie !

Don Rodrigue

Hélas !

---

1. Je m'y travaille : je m'y emploie, m'y efforce.
2. Sans fruit : sans résultat.
3. Cet objet trompeur : il s'agit de l'ombre qu'il imagine apercevoir, c'est-à-dire du fantôme de son fils.
4. Se forme des soupçons : imagine que le pire s'est produit.
5. La suite : l'entourage, les amis fidèles.
6. Me trompé-je encore à l'apparence : suis-je de nouveau trompé par une illusion ? Mon esprit imagine-t-il un autre mirage ?

Don Diègue

Ne mêle point de soupirs à ma joie ;
Laisse-moi prendre haleine afin de te louer.
Ma valeur n'a point lieu de te désavouer ;
Tu l'as bien imitée, et ton illustre audace
1030 Fait bien revivre en toi les héros de ma race :
C'est d'eux que tu descends, c'est de moi que tu viens ;
Ton premier coup d'épée égale tous les miens ;
Et d'une belle ardeur ta jeunesse animée
Par cette grande épreuve atteint ma renommée.
1035 Appui de ma vieillesse, et comble de mon heur*,
Touche ces cheveux blancs à qui tu rends l'honneur ;
Viens baiser cette joue, et reconnais la place
Où fut empreint l'affront que ton courage* efface[1].

Don Rodrigue

L'honneur vous en est dû : je ne pouvais pas moins,
1040 Étant sorti de vous et nourri par vos soins.
Je m'en tiens trop heureux, et mon âme est ravie
Que mon coup d'essai plaise à qui je dois la vie ;
Mais parmi vos plaisirs ne soyez point jaloux
Si je m'ose à mon tour satisfaire* après vous.
1045 Souffrez* qu'en liberté mon désespoir éclate ;
Assez et trop longtemps votre discours le flatte*.
Je ne me repens point de vous avoir servi ;
Mais rendez-moi le bien que ce coup m'a ravi.
Mon bras pour vous venger, armé contre ma flamme*,
1050 Par ce coup glorieux m'a privé de mon âme[2].
Ne me dites plus rien ; pour vous j'ai tout perdu :
Ce que je vous devais, je vous l'ai bien rendu.

Don Diègue

Porte, porte plus haut le fruit de ta victoire :
Je t'ai donné la vie, et tu me rends ma gloire* ;

---

1. La place [...] que ton courage efface : la joue, où il a reçu le soufflet du Comte (ACTE I, SC. 3, V. 225-226).
2. Mon âme : la femme que j'aime.

1055 Et d'autant que l'honneur m'est plus cher que le jour*,
      D'autant plus maintenant je te dois de retour[1].
      Mais d'un cœur* magnanime* éloigne ces faiblesses ;
      Nous n'avons qu'un honneur, il est tant de maîtresses* !
      L'amour n'est qu'un plaisir, l'honneur est un devoir.

DON RODRIGUE

1060 Ah ! que me dites-vous ?

DON DIÈGUE

      Ce que tu dois savoir.

DON RODRIGUE

      Mon honneur offensé sur moi-même se venge[2] ;
      Et vous m'osez pousser à la honte du change[3] !
      L'infamie est pareille, et suit également
      Le guerrier sans courage et le perfide amant[4].
1065 À ma fidélité ne faites point d'injure ;
      Souffrez-moi généreux* sans me rendre parjure :
      Mes liens* sont trop forts pour être ainsi rompus ;
      Ma foi* m'engage encor si je n'espère plus ;
      Et, ne pouvant quitter ni posséder Chimène,
1070 Le trépas que je cherche est ma plus douce peine.

DON DIÈGUE

      Il n'est pas temps encor de chercher le trépas :
      Ton prince et ton pays ont besoin de ton bras.
      La flotte qu'on craignait, dans ce grand fleuve[5] entrée,
      Croit surprendre la ville et piller la contrée.

---

1. Je te dois de retour : j'ai une dette envers toi.
2. Mon honneur [...] se venge : je me sens victime de la vengeance que j'ai exercée pour sauver l'honneur.
3. La honte du change : la honte de l'inconstance amoureuse, de l'infidélité (change, c'est-à-dire changement).
4. Le perfide amant : l'amoureux qui manque à sa parole est aussi méprisable que le guerrier qui manque de courage.
5. Ce grand fleuve : le Guadalquivir, qui passe à Séville.

© Louise Leblanc.

DON DIÈGUE (Roland Lepage) :
Nous n'avons qu'un honneur, il est tant de maîtresses !
L'amour n'est qu'un plaisir, l'honneur est un devoir.
[…]

DON RODRIGUE (Jean-Sébastien Ouellette) :
[…]
À ma fidélité ne faites point d'injure ;
Souffrez-moi généreux sans me rendre parjure :
Mes liens sont trop forts pour être ainsi rompus ;
Ma foi m'engage encor si je n'espère plus ;
Et, ne pouvant quitter ni posséder Chimène,
Le trépas que je cherche est ma plus douce peine.

ACTE III, SCÈNE 6, vers 1058-1059 et 1065 à 1070.

THÉÂTRE DU TRIDENT, 2004.
MISE EN SCÈNE DE GERVAIS GAUDREAULT.

1075 Les Mores* vont descendre, et le flux* et la nuit
     Dans une heure à nos murs les amènent sans bruit.
     La cour est en désordre, et le peuple en alarmes* :
     On n'entend que des cris, on ne voit que des larmes.
     Dans ce malheur public mon bonheur a permis
1080 Que j'ai trouvé chez moi cinq cents de mes amis,
     Qui, sachant mon affront, poussés d'un même zèle,
     Se venaient tous offrir à venger ma querelle.
     Tu les as prévenus [1]; mais leurs vaillantes mains
     Se tremperont bien mieux au sang* des Africains.
1085   Va marcher à leur tête où l'honneur te demande :
     C'est toi que veut pour chef leur généreuse* bande.
     De ces vieux ennemis va soutenir l'abord [2] :
     Là, si tu veux mourir, trouve une belle mort ;
     Prends-en l'occasion, puisqu'elle t'est offerte ;
1090 Fais devoir à ton roi son salut à ta perte [3] ;
     Mais reviens-en plutôt les palmes* sur le front.
     Ne borne pas ta gloire* à venger un affront ;
     Porte-la plus avant : force par ta vaillance
     Ce monarque au pardon, et Chimène au silence ;
1095 Si tu l'aimes, apprends que revenir vainqueur,
     C'est l'unique moyen de regagner son cœur*.
     Mais le temps est trop cher [4] pour le perdre en paroles ;
     Je t'arrête en discours, et je veux que tu voles [5].
     Viens, suis-moi, va combattre, et montrer à ton roi
1100 Que ce qu'il perd au Comte il le recouvre en toi [6].

---

1. Prévenus : précédés, devancés.
2. L'abord : l'attaque, l'assaut.
3. Fais devoir à ton roi son salut à ta perte : agis de manière à ce que le Roi doive son salut à ta perte, à ta mort.
4. Cher : précieux.
5. Je t'arrête en discours, et je veux que tu voles : j'arrête de parler, car je te retarde par mon discours, et il faut que tu fasses vite.
6. Que ce qu'il perd au Comte il le recouvre en toi : ce que la mort du Comte lui fait perdre, il le gagne en ta personne. Jeu de mots probable avec « perdre au compte ».

ACTE IV

Chez Chimène.

SCÈNE 1 : CHIMÈNE, ELVIRE

CHIMÈNE
N'est-ce point un faux bruit* ? le sais-tu bien, Elvire ?

ELVIRE
Vous ne croiriez jamais comme chacun l'admire,
Et porte jusqu'au ciel, d'une commune voix,
De ce jeune héros les glorieux exploits.
1105 Les Mores* devant lui n'ont paru qu'à leur honte ;
Leur abord[1] fut bien prompt, leur fuite encor plus prompte.
Trois heures de combat laissent à nos guerriers
Une victoire entière et deux rois prisonniers.
La valeur de leur chef ne trouvait point d'obstacles.

CHIMÈNE
1110 Et la main de Rodrigue a fait tous ces miracles ?

ELVIRE
De ses nobles efforts ces deux rois sont le prix :
Sa main les a vaincus, et sa main les a pris.

CHIMÈNE
De qui peux-tu savoir ces nouvelles étranges[2] ?

---

1. Leur abord : leur attaque, leur assaut (voir v. 1087).
2. Étranges : surprenantes, qui m'étonnent.

ELVIRE

Du peuple, qui partout fait sonner ses louanges,
1115 Le nomme de sa joie et l'objet* et l'auteur,
Son ange tutélaire[1] et son libérateur.

CHIMÈNE

Et le Roi, de quel œil voit-il tant de vaillance ?

ELVIRE

Rodrigue n'ose encor paraître en sa présence ;
Mais don Diègue ravi lui présente enchaînés,
1120 Au nom de ce vainqueur, ces captifs couronnés,
Et demande pour grâce à ce généreux* prince
Qu'il daigne voir la main qui sauve la province.

CHIMÈNE

Mais n'est-il point blessé ?

ELVIRE

Je n'en ai rien appris.
Vous changez de couleur ! reprenez vos esprits.

CHIMÈNE

1125 Reprenons donc aussi ma colère affaiblie :
Pour avoir soin de lui faut-il que je m'oublie[2] ?
On le vante, on le loue, et mon cœur* y consent !
Mon honneur est muet, mon devoir impuissant !
Silence, mon amour, laisse agir ma colère :
1130 S'il a vaincu deux rois, il a tué mon père ;
Ces tristes vêtements, où je lis mon malheur[3]
Sont les premiers effets* qu'ait produits sa valeur ;
Et quoi qu'on die[4] ailleurs d'un cœur si magnanime*,

---

1. Tutélaire : protecteur.
2. Pour avoir soin de lui faut-il que je m'oublie ? : même si je m'inquiète de son sort, est-ce que je dois oublier quel est mon devoir ?
3. Ces tristes vêtements, où je lis mon malheur : elle porte du noir en signe de deuil ; voir v. 1136 et 1137.
4. Die : dise (forme ancienne du subjonctif).

Ici tous les objets me parlent de son crime.

1135 Vous qui rendez la force à mes ressentiments,

Voiles, crêpes, habits, lugubres ornements,

Pompe[1] que me prescrit sa première victoire,

Contre ma passion soutenez bien ma gloire* ;

Et lorsque mon amour prendra trop de pouvoir,

1140 Parlez à mon esprit de mon triste devoir,

Attaquez sans rien craindre une main triomphante.

ELVIRE

Modérez ces transports*, voici venir l'Infante.

SCÈNE 2 : L'INFANTE, CHIMÈNE, LÉONOR, ELVIRE

L'INFANTE

Je ne viens pas ici consoler tes douleurs ;

Je viens plutôt mêler mes soupirs[2] à tes pleurs.

CHIMÈNE

1145 Prenez bien plutôt part à la commune joie,

Et goûtez le bonheur que le ciel* vous envoie,

Madame : autre que moi[3] n'a droit de soupirer.

Le péril dont Rodrigue a su nous retirer,

Et le salut public que vous rendent ses armes,

1150 À moi seule aujourd'hui souffrent* encor les larmes :

Il a sauvé la ville, il a servi son roi ;

Et son bras valeureux n'est funeste* qu'à moi.

L'INFANTE

Ma Chimène, il est vrai qu'il a fait des merveilles[4].

---

1. Pompe : protocole ; le noir est d'usage dans le deuil.
2. Soupirs : déclaration ambiguë, car on sait que l'Infante est aussi amoureuse de Rodrigue (voir ACTE I, SC. 2, v. 80 à 124). Le verbe « soupirer », en effet, s'emploie aussi bien pour parler de l'élan amoureux que de la tristesse et de la douleur.
3. Autre que moi : personne d'autre que moi.
4. Merveilles : exploits militaires.

CHIMÈNE

Déjà ce bruit* fâcheux a frappé mes oreilles ;
1155 Et je l'entends partout publier hautement[1]
Aussi brave guerrier que malheureux amant.

L'INFANTE

Qu'a de fâcheux pour toi ce discours populaire ?
Ce jeune Mars[2] qu'il loue a su jadis te plaire :
Il possédait ton âme, il vivait sous tes lois ;
1160 Et vanter sa valeur, c'est honorer ton choix.

CHIMÈNE

Chacun peut la vanter avec quelque justice[3] ;
Mais pour moi sa louange est un nouveau supplice.
On aigrit[4] ma douleur en l'élevant si haut :
Je vois ce que je perds quand je vois ce qu'il vaut.
1165 Ah ! cruels déplaisirs* à l'esprit d'une amante !
Plus j'apprends son mérite, et plus mon feu* s'augmente :
Cependant mon devoir est toujours le plus fort,
Et, malgré mon amour, va poursuivre sa mort[5].

L'INFANTE

Hier ce devoir te mit en une haute estime ;
1170 L'effort que tu fis parut si magnanime*,
Si digne d'un grand cœur*, que chacun à la cour
Admirait ton courage* et plaignait ton amour.
Mais croirais-tu l'avis d'une amitié fidèle ?

CHIMÈNE

Ne vous obéir pas me rendrait criminelle.

---

1. Publier hautement : parler de lui comme d'un grand héros ; il faut imaginer la liesse sur les
   places publiques, les louanges qu'on fait de Rodrigue.
2. Mars : dieu de la Guerre chez les Romains ; comparer quelqu'un à Mars, c'est donc dire qu'il
   est un guerrier exceptionnel.
3. Justice : justesse (il est juste de vanter sa valeur).
4. On aigrit : on augmente, intensifie.
5. Poursuivre sa mort : persévérer pour que Rodrigue soit condamné à mort.

L'Infante

1175 Ce qui fut juste* alors ne l'est plus aujourd'hui.
Rodrigue maintenant est notre unique appui,
L'espérance et l'amour d'un peuple qui l'adore,
Le soutien de Castille*, et la terreur du More*.
Le Roi même est d'accord de[1] cette vérité,
1180 Que ton père en lui seul se voit ressuscité ;
Et si tu veux enfin qu'en deux mots je m'explique,
Tu poursuis en sa mort la ruine publique[2].
Quoi ! pour venger un père est-il jamais permis
De livrer sa patrie aux mains des ennemis ?
1185 Contre nous ta poursuite est-elle légitime,
Et pour être punis avons-nous part au crime ?
Ce n'est pas qu'après tout tu doives épouser
Celui qu'un père mort t'obligeait d'accuser :
Je te voudrais moi-même en arracher l'envie ;
1190 Ôte-lui ton amour, mais laisse-nous sa vie.

Chimène

Ah ! ce n'est pas à moi d'avoir tant de bonté ;
Le devoir qui m'aigrit[3] n'a rien de limité.
Quoique pour ce vainqueur mon amour s'intéresse*,
Quoiqu'un peuple l'adore et qu'un roi le caresse[4],
1195 Qu'il soit environné des plus vaillants guerriers,
J'irai sous mes cyprès[5] accabler ses lauriers*.

L'Infante

C'est générosité* quand, pour venger un père,
Notre devoir attaque une tête si chère ;

---

1. De : avec.
2. Tu poursuis en sa mort la ruine publique : persister à vouloir sa condamnation causerait un grave problème à l'État, voire la défaite militaire de l'État.
3. Qui m'aigrit : qui me pousse, me stimule.
4. Le caresse : lui démontre de l'amitié, le tienne en haute estime.
5. Cyprès : alors que le laurier symbolise la victoire militaire (voir v. 32 et 413), le cyprès, arbre qu'on trouve souvent dans les cimetières, symbolise la mort et le deuil.

Mais c'en est une encor d'un plus illustre rang,
1200 Quand on donne au public les intérêts du sang[1].
Non, crois-moi, c'est assez que d'éteindre ta flamme* ;
Il sera trop puni s'il n'est plus dans ton âme.
Que le bien du pays t'impose cette loi :
Aussi bien[2], que crois-tu que t'accorde le Roi ?

CHIMÈNE

1205 Il peut me refuser[3], mais je ne puis me taire.

L'INFANTE

Pense bien, ma Chimène, à ce que tu veux faire.
Adieu : tu pourras seule y penser à loisir.

CHIMÈNE

Après mon père mort, je n'ai point à choisir.

Chez le Roi.

SCÈNE 3 : DON FERNAND, DON DIÈGUE, DON ARIAS, DON RODRIGUE, DON SANCHE

DON FERNAND

Généreux* héritier d'une illustre famille,
1210 Qui fut toujours la gloire* et l'appui de Castille,
Race de tant d'aïeux en valeur signalés[4],
Que l'essai de la tienne a sitôt égalés[5],
Pour te récompenser ma force est trop petite ;
Et j'ai moins de pouvoir que tu n'as de mérite.

---

1. Quand on donne au public les intérêts du sang : quand on sacrifie l'intérêt personnel ou familial à l'intérêt de la majorité.
2. Aussi bien : de toute façon.
3. Il peut me refuser : il peut refuser de répondre à ma demande.
4. En valeur signalés : célèbres par leur valeur.
5. Que l'essai de la tienne a sitôt égalés : valeur que tu as égalée dès ta première bataille.

© Fernand Leclair.

Don Fernand (Guy Mignault)
à Don Rodrigue (Paul Savoie) :

[…]
Mais deux rois tes captifs feront ta récompense.
Ils t'ont nommé tous deux leur Cid en ma présence :
Puisque Cid en leur langue est autant que seigneur,
Je ne t'envierai pas ce beau titre d'honneur.
Sois désormais le Cid : qu'à ce grand nom tout cède ;
Qu'il comble d'épouvante et Grenade et Tolède […]

ACTE IV, SCÈNE 3, VERS 1221 À 1226.

THÉÂTRE DU NOUVEAU MONDE, 1979.
MISE EN SCÈNE DE JEAN GASCON.

1215 Le pays délivré d'un si rude ennemi,
Mon sceptre dans ma main par la tienne affermi,
Et les Mores* défaits avant qu'en ces alarmes*
J'eusse pu donner ordre à[1] repousser leurs armes,
Ne sont point des exploits qui laissent à ton roi
1220 Le moyen ni l'espoir de s'acquitter vers[2] toi.
Mais deux rois tes captifs feront ta récompense.
Ils t'ont nommé tous deux leur Cid[3] en ma présence :
Puisque Cid en leur langue est autant que seigneur,
Je ne t'envierai pas[4] ce beau titre d'honneur.
1225 Sois désormais le Cid : qu'à ce grand nom tout cède ;
Qu'il comble d'épouvante et Grenade* et Tolède[5],
Et qu'il marque à tous ceux qui vivent sous mes lois
Et ce que tu me vaux, et ce que je te dois.

DON RODRIGUE

Que Votre Majesté, Sire, épargne ma honte[6].
1230 D'un si faible service elle fait trop de conte[7],
Et me force à rougir devant un si grand roi
De mériter si peu l'honneur que j'en reçoi[8].
Je sais trop que je dois au bien de votre empire
Et le sang* qui m'anime, et l'air que je respire ;
1235 Et quand je les perdrai pour un si digne objet[9],
Je ferai seulement le devoir d'un sujet.

---

1. À : de.
2. Vers : envers.
3. Cid : de l'arabe *sidi* ou *séid*, signifiant « seigneur, maître ». Ce terme de noblesse employé par les Maures vient justifier le titre de l'œuvre.
4. Je ne t'envierai pas : je ne te retirerai pas.
5. Tolède : comme Grenade, cette ville d'Espagne est occupée par les Maures au moment où se situe l'action de la pièce.
6. Épargne ma honte : ménage ma modestie, respecte ma discrétion.
7. Fait trop de conte : tient compte de manière exagérée, accorde trop d'importance.
8. Reçoi : voir v. 771.
9. Et quand je les perdrai pour un si digne objet : et même si je les perdais (le sang et l'air, donc la vie), pour une cause si digne.

Don Fernand

Tous ceux que ce devoir à mon service engage
Ne s'en acquittent pas avec même courage* ;
Et lorsque la valeur ne va point dans l'excès[1],
1240 Elle ne produit point de si rares* succès.
Souffre* donc qu'on te loue, et de cette victoire
Apprends-moi plus au long[2] la véritable histoire.

Don Rodrigue

Sire, vous avez su qu'en ce danger pressant,
Qui jeta dans la ville un effroi puissant,
1245 Une troupe d'amis chez mon père assemblée
Sollicita mon âme encor toute troublée…
Mais, Sire, pardonnez à ma témérité,
Si j'osai l'employer sans votre autorité :
Le péril approchait ; leur brigade était prête ;
1250 Me montrant à la cour, je hasardais ma tête[3] ;
Et s'il fallait la perdre, il m'était bien plus doux
De sortir de la vie en combattant pour vous.

Don Fernand

J'excuse ta chaleur à venger ton offense ;
Et l'État défendu me parle en ta défense :
1255 Crois que dorénavant Chimène a beau parler,
Je ne l'écoute plus que pour la consoler.
Mais poursuis.

Don Rodrigue

Sous moi donc cette troupe s'avance,
Et porte sur le front une mâle assurance.
Nous partîmes cinq cents ; mais par un prompt renfort,
1260 Nous nous vîmes trois mille en arrivant au port,
Tant, à nous voir marcher[4] avec un tel visage,

---

1. Et lorsque la valeur ne va point dans l'excès : lorsque la valeur des combattants ne va pas aussi loin, n'est pas aussi remarquable que la tienne.

2. Plus au long : plus en détail.

3. Hasardais ma tête : risquais ma vie, m'exposais au châtiment réclamé par Chimène.

4. Tant, à nous voir marcher : si bien que, en nous voyant marcher.

Les plus épouvantés reprenaient de courage !
J'en cache les deux tiers, aussitôt qu'arrivés,
Dans le fond des vaisseaux qui lors[1] furent trouvés ;
1265 Le reste, dont le nombre augmentait à toute heure,
Brûlant d'impatience, autour de moi demeure,
Se couche contre terre, et sans faire aucun bruit
Passe une bonne part d'une si belle nuit.
Par mon commandement la garde en fait de même,
1270 Et se tenant cachée, aide à mon stratagème ;
Et je feins hardiment d'avoir reçu de vous
L'ordre qu'on me voit suivre et que je donne à tous.
     Cette obscure clarté qui tombe des étoiles
Enfin avec le flux* nous fait voir trente voiles ;
1275 L'onde s'enfle dessous, et d'un commun effort
Les Mores* et la mer montent jusques au port.
On les laisse passer ; tout leur paraît tranquille :
Point de soldats au port, point aux murs de la ville.
Notre profond silence abusant[2] leurs esprits,
1280 Ils n'osent plus douter de nous avoir surpris ;
Ils abordent sans peur, ils ancrent, ils descendent,
Et courent se livrer aux mains qui les attendent.
Nous nous levons alors, et tous en même temps
Poussons jusques au ciel mille cris éclatants.
1285 Les nôtres, à ces cris, de nos vaisseaux répondent ;
Ils paraissent armés, les Mores se confondent[3],
L'épouvante les prend à demi descendus ;
Avant que de combattre, ils s'estiment perdus.
Ils couraient au pillage, et rencontrent la guerre ;
1290 Nous les pressons sur l'eau, nous les pressons sur terre,
Et nous faisons courir des ruisseaux de leur sang*,
Avant qu'aucun résiste ou reprenne son rang.
Mais bientôt, malgré nous, leurs princes les rallient[4],

---

1. Lors : alors, à ce moment.
2. Abusant : trompant, leurrant.
3. Ils paraissent armés, les Mores se confondent : ils sortent de leur cachette avec leurs armes, et les Maures paniquent dans la confusion, réagissent de manière désordonnée.
4. Les rallient : les rassemblent en ordre de bataille.

Leur courage* renaît, et leurs terreurs s'oublient :
1295 La honte de mourir sans avoir combattu
Arrête leur désordre, et leur rend leur vertu*.
Contre nous de pied ferme ils tirent leurs alfanges[1] ;
De notre sang* au leur font d'horribles mélanges.
Et la terre, et le fleuve, et leur flotte, et le port,
1300 Sont des champs de carnage où triomphe la mort.
    Ô combien d'actions, combien d'exploits célèbres[2]
Sont demeurés sans gloire* au milieu des ténèbres,
Où chacun, seul témoin des grands coups qu'il donnait,
Ne pouvait discerner où le sort inclinait !
1305 J'allais de tous côtés encourager les nôtres,
Faire avancer les uns et soutenir les autres,
Ranger ceux qui venaient, les pousser à leur tour,
Et ne l'ai pu savoir[3] jusques au point du jour.
Mais enfin sa clarté montre notre avantage ;
1310 Le More[4] voit sa perte, et perd soudain courage :
Et voyant un renfort qui nous vient secourir,
L'ardeur de vaincre cède à la peur de mourir.
Ils gagnent leurs vaisseaux, ils en coupent les câbles,
Poussent jusques aux cieux des cris épouvantables,
1315 Font retraite en tumulte, et sans considérer
Si leurs rois avec eux peuvent se retirer.
Pour souffrir* ce devoir[5] leur frayeur est trop forte :
Le flux* les apporta, le reflux les remporte ;
Cependant que leurs rois, engagés parmi nous[6],
1320 Et quelque peu des leurs, tous percés de nos coups,
Disputent vaillamment et vendent bien leur vie.

---

1. Alfanges : sabres recourbés, cimeterres.
2. Célèbres : qui mériteraient de devenir célèbres, dont l'éclat mériterait la célébrité.
3. Et ne l'ai pu savoir : je ne pouvais savoir « où le sort inclinait » (v. 1304).
4. Le More : l'armée maure.
5. Souffrir ce devoir : consentir à faire leur devoir (de soldats).
6. Engagés parmi nous : qui continuent de se battre au milieu de nos troupes.

À se rendre moi-même en vain je les convie :
Le cimeterre[1] au poing, ils ne m'écoutent pas ;
Mais voyant à leurs pieds tomber tous leurs soldats,
1325 Et que seuls désormais en vain ils se défendent,
Ils demandent le chef : je me nomme, ils se rendent.
Je vous les envoyai tous deux en même temps ;
Et le combat cessa faute de combattants.
C'est de cette façon que, pour votre service…

SCÈNE 4 : Don Fernand, Don Diègue, Don Rodrigue, Don Arias, Don Alonse, Don Sanche

Don Alonse

1330 Sire, Chimène vient vous demander justice.

Don Fernand

La fâcheuse nouvelle, et l'importun devoir !
Va, je ne la veux pas obliger à te voir.
Pour tous remerciements, il faut que je te chasse ;
Mais avant que sortir, viens, que ton roi t'embrasse.
(Don Rodrigue rentre[2].)

Don Diègue

1335 Chimène le poursuit[3], et voudrait le sauver.

Don Fernand

On m'a dit qu'elle l'aime, et je vais l'éprouver.
Montrez un œil plus triste.

---

1. Cimeterre : sabre recourbé, synonyme d'« alfange ».
2. Don Rodrigue rentre : il entre dans une autre pièce ou rentre chez lui ; pour la scène suivante, il ne doit pas se trouver dans la salle du trône.
3. Poursuit : au sens judiciaire (voir v. 678 et 808). Chimène poursuit Rodrigue par devoir, mais son amour lui commande de le sauver.

SCÈNE 5 : Don Fernand, Don Diègue, Don Arias, Don Sanche, Don Alonse, Chimène, Elvire

Don Fernand
Enfin, soyez contente,
Chimène, le succès répond à votre attente :
Si de nos ennemis Rodrigue a le dessus,
1340 Il est mort à nos yeux des coups qu'il a reçus ;
Rendez grâces au ciel* qui vous en a vengée.
(À don Diègue.)
Voyez comme déjà sa couleur est changée.

Don Diègue
Mais voyez qu'elle pâme [1], et d'un amour parfait,
Dans cette pâmoison, Sire, admirez l'effet*.
1345 Sa douleur a trahi les secrets de son âme,
Et ne vous permet plus de douter de sa flamme*.

Chimène
Quoi ! Rodrigue est donc mort ?

Don Fernand
Non, non, il voit le jour*,
Et te conserve encore un immuable amour :
Calme cette douleur qui pour lui s'intéresse*.

Chimène
1350 Sire, on pâme de joie, ainsi que de tristesse :
Un excès de plaisir nous rend tout languissants ;
Et quand il surprend l'âme, il accable les sens.

Don Fernand
Tu veux qu'en ta faveur nous croyions l'impossible ?
Chimène, ta douleur a paru trop visible.

---

1. Elle pâme : elle s'évanouit (« pâmoison » : évanouissement).

CHIMÈNE

1355 Eh bien ! Sire, ajoutez ce comble à mon malheur,
Nommez ma pâmoison l'effet de ma douleur :
Un juste* déplaisir* à ce point m'a réduite.
Son trépas dérobait sa tête à ma poursuite ;
S'il meurt des coups reçus pour le bien du pays,
1360 Ma vengeance est perdue et mes desseins trahis[1] :
Une si belle fin m'est trop injurieuse[2].
Je demande sa mort, mais non pas glorieuse,
Non pas dans un éclat qui l'élève si haut,
Non pas au lit d'honneur, mais sur un échafaud ;
1365 Qu'il meure pour mon père[3], et non pour la patrie ;
Que son nom soit taché, sa mémoire flétrie.
Mourir pour le pays n'est pas un triste sort ;
C'est s'immortaliser par une belle mort.
    J'aime donc sa victoire, et je le puis sans crime ;
1370 Elle assure l'État et me rend ma victime,
Mais noble, mais fameuse entre tous les guerriers,
Le chef, au lieu de fleurs, couronné de lauriers[4] ;
Et pour dire en un mot ce que j'en considère,
Digne d'être immolée aux mânes de mon père[5]…
1375 Hélas ! à quel espoir me laissé-je emporter !
Rodrigue de ma part n'a rien à redouter :
Que pourraient contre lui des larmes qu'on méprise ?
Pour lui tout votre empire est un lieu de franchise[6] ;
Là, sous votre pouvoir, tout lui devient permis ;
1380 Il triomphe de moi comme des ennemis.
Dans leur sang* répandu la justice étouffée

---

1. Mes desseins trahis : mes objectifs de vengeance sont contrariés.
2. M'est trop injurieuse : ne fait pas justice à ma cause.
3. Pour mon père : parce qu'il a tué mon père.
4. Elle assure l'État […] couronné de lauriers : sa victoire assure la sécurité de l'État, mais donne à ma vengeance une victime couronnée de lauriers plutôt que de fleurs mortuaires.
5. Immolée aux mânes de mon père : sacrifiée, exécutée en mémoire de mon père.
6. De franchise : où il n'a rien à craindre.

Au crime du vainqueur sert d'un nouveau trophée :
Nous en croissons la pompe, et le mépris des lois
Nous fait suivre son char au milieu de deux rois[1].

DON FERNAND

1385 Ma fille, ces transports* ont trop de violence.
Quand on rend la justice, on met tout en balance[2].
On a tué ton père, il était l'agresseur ;
Et la même équité[3] m'ordonne la douceur.
Avant que d'accuser ce que j'en fais paraître[4],
1390 Consulte bien ton cœur : Rodrigue en est le maître,
Et ta flamme* en secret rend grâces à ton roi,
Dont la faveur conserve un tel amant pour toi[5].

CHIMÈNE

Pour moi ! mon ennemi ! l'objet* de ma colère !
L'auteur de mes malheurs ! l'assassin de mon père !
1395 De ma juste* poursuite on fait si peu de cas
Qu'on me croit obliger[6] en ne m'écoutant pas !
    Puisque vous refusez la justice à mes larmes,
Sire, permettez-moi de recourir aux armes ;
C'est par là seulement qu'il a su m'outrager,
1400 Et c'est aussi par là que je me dois venger.
    À tous vos cavaliers* je demande sa tête :
Oui, qu'un d'eux me l'apporte, et je suis sa conquête ;
Qu'ils le combattent, Sire ; et le combat fini,

---

1. La justice étouffée [...] au milieu de deux rois : selon la coutume de la Rome antique, les
   prisonniers allaient à pied derrière le char du vainqueur, en signe de soumission. Chimène
   place la cour dans cette situation, derrière le Cid qui, bien que victorieux, n'en est pas moins
   coupable d'un crime. Elle commet ainsi une atteinte à l'honneur du roi, qu'elle déclare soumis
   à un simple soldat.
2. On met tout en balance : on doit prendre tous les facteurs en considération.
3. La même équité : la justice elle-même.
4. Avant que d'accuser ce que j'en fais paraître : avant de m'accuser sur les apparences ou sur
   des suppositions.
5. Dont la faveur [...] pour toi : le Roi te tient en faveur en te réservant un tel amant.
6. Qu'on me croit obliger : on croit me réjouir, me combler.

J'épouse le vainqueur, si Rodrigue est puni.
1405 Sous votre autorité souffrez* qu'on le publie[1].

DON FERNAND

Cette vieille coutume en ces lieux établie,
Sous couleur de[2] punir un injuste* attentat,
Des meilleurs combattants affaiblit un État ;
Souvent de cet abus le succès déplorable
1410 Opprime l'innocent et soutient le coupable.
J'en dispense Rodrigue ; il m'est trop précieux
Pour l'exposer aux coups d'un sort capricieux ;
Et quoi qu'ait pu commettre un cœur* si magnanime*,
Les Mores* en fuyant ont emporté son crime.

DON DIÈGUE

1415 Quoi ! Sire, pour lui seul vous renversez des lois
Qu'a vu toute la cour observer tant de fois !
Que croira votre peuple, et que dira l'envie[3],
Si sous votre défense il ménage[4] sa vie,
Et s'en fait un prétexte à ne paraître pas
1420 Où tous les gens d'honneur cherchent un beau trépas ?
De pareilles faveurs terniraient trop sa gloire* :
Qu'il goûte sans rougir les fruits de sa victoire.
Le Comte eut de l'audace, il l'en a su punir :
Il l'a fait en brave homme, et le doit maintenir[5].

DON FERNAND

1425 Puisque vous le voulez, j'accorde qu'il le fasse ;
Mais d'un guerrier vaincu mille prendraient la place,
Et le prix que Chimène au vainqueur a promis
De tous mes cavaliers feraient ses ennemis.
L'opposer seul à tous serait trop d'injustice ;

---

1. Qu'on le publie : qu'on diffuse cette nouvelle.
2. Sous couleur de : sous prétexte de.
3. Que dira l'envie : que diront les envieux et les jaloux.
4. Ménage : sauve.
5. Le doit maintenir : doit le rester (« brave homme »).

1430 Il suffit qu'une fois il entre dans la lice[1].

Choisis qui tu voudras, Chimène, et choisis bien ;
Mais après ce combat ne demande plus rien.

Don Diègue

N'excusez point par là ceux que son bras étonne[2] :
Laissez un champ ouvert où n'entrera personne.
1435 Après ce que Rodrigue a fait voir aujourd'hui,
Quel courage* assez vain* s'oserait prendre à lui ?
Qui se hasarderait contre un tel adversaire ?
Qui serait ce vaillant, ou bien ce téméraire ?

Don Sanche

Faites ouvrir le champ : vous voyez l'assaillant ;
1440 Je suis ce téméraire, ou plutôt ce vaillant.

Accordez cette grâce à l'ardeur qui me presse,
Madame : vous savez quelle est votre promesse.

Don Fernand

Chimène, remets-tu ta querelle en sa main ?

Chimène

Sire, je l'ai promis.

Don Fernand

Soyez prêt à[3] demain.

Don Diègue

1445 Non, Sire, il ne faut pas différer davantage :
On est toujours trop prêt quand on a du courage.

Don Fernand

Sortir d'une bataille, et combattre à l'instant !

---

1. Lice : champ où se déroule un tournoi, un duel.
2. Étonne : frappe de terreur, comme par le tonnerre.
3. À : pour.

Don Diègue
Rodrigue a pris haleine[1] en vous la racontant.

Don Fernand
Du moins une heure ou deux je veux qu'il se délasse.
1450 Mais de peur qu'en exemple un tel combat ne passe[2],
Pour témoigner à tous qu'à regret je promets
Un sanglant procédé qui ne me plut jamais,
De moi ni de ma cour il n'aura la présence.
(Il parle à don Arias.)
Vous seul des combattants jugerez la vaillance :
1455 Ayez soin que tous deux fassent[3] en gens de cœur*,
Et, le combat fini, m'amenez le vainqueur.
Qui qu'il soit, même prix est acquis à sa peine :
Je le veux de ma main présenter à Chimène,
Et que pour récompense il reçoive sa foi*.

Chimène
1460 Quoi ! Sire, m'imposer une si dure loi !

Don Fernand
Tu t'en plains ; mais ton feu*, loin d'avouer ta plainte[4],
Si Rodrigue est vainqueur, l'accepte sans contrainte.
Cesse de murmurer contre un arrêt* si doux :
Qui que ce soit des deux, j'en ferai ton époux.

---

1. A pris haleine : a repris son souffle et son courage.
2. Qu'en exemple un tel combat ne passe : qu'un tel combat ne serve d'exemple.
3. Fassent : agissent.
4. Loin d'avouer ta plainte : ne coïncide pas du tout avec ton accusation ou tes lamentations.

© Fernand Leclair.

DON RODRIGUE (Paul Savoie):
Je vais mourir, Madame, et vous viens en ce lieu,
Avant le coup mortel, dire un dernier adieu :
[…]

CHIMÈNE (Christiane Raymond):
Tu vas mourir ! Don Sanche est-il si redoutable
Qu'il donne l'épouvante à ce cœur indomptable ?
Qui t'a rendu si faible, ou qui le rend si fort ?
Rodrigue va combattre, et se croit déjà mort !
Celui qui n'a pas craint les Mores, ni mon père,
Va combattre don Sanche, et déjà désespère !

ACTE V, SCÈNE 1, vers 1467-1468 et 1473 à 1478.

THÉÂTRE DU NOUVEAU MONDE, 1979.
MISE EN SCÈNE DE JEAN GASCON.

ACTE V

Chez Chimène.

SCÈNE 1 : Don Rodrigue, Chimène

Chimène

1465 Quoi ! Rodrigue, en plein jour ! d'où te vient cette audace ?
Va, tu me perds d'honneur[1] ; retire-toi, de grâce.

Don Rodrigue

Je vais mourir, Madame, et vous viens en ce lieu,
Avant le coup mortel, dire un dernier adieu :
Cet immuable amour qui sous vos lois m'engage
1470 N'ose accepter ma mort sans vous en faire hommage.

Chimène

Tu vas mourir !

Don Rodrigue

Je cours à ces heureux moments
Qui vont livrer ma vie à vos ressentiments.

Chimène

Tu vas mourir ! Don Sanche est-il si redoutable
Qu'il donne l'épouvante à ce cœur* indomptable ?
1475 Qui t'a rendu si faible, ou qui le rend si fort ?
Rodrigue va combattre, et se croit déjà mort !
Celui qui n'a pas craint les Mores*, ni mon père,
Va combattre don Sanche, et déjà désespère !
Ainsi donc au besoin[2] ton courage* s'abat ?

---

1. Tu me perds d'honneur : tu ternis mon honneur, tu me déshonores (voir v. 603).
2. Au besoin : au moment où il te serait nécessaire.

Don Rodrigue

1480 Je cours à mon supplice, et non pas au combat ;
Et ma fidèle ardeur sait bien m'ôter l'envie,
Quand vous cherchez ma mort, de défendre ma vie.
  J'ai toujours même cœur* ; mais je n'ai point de bras
Quand il faut conserver ce qui ne vous plaît pas ;
1485 Et déjà cette nuit m'aurait été mortelle
Si j'eusse combattu pour ma seule querelle[1] ;
Mais défendant mon roi, son peuple et mon pays,
À me défendre mal je les aurais trahis.
Mon esprit généreux* ne hait pas tant la vie
1490 Qu'il en veuille sortir par une perfidie.
Maintenant qu'il s'agit de mon seul intérêt,
Vous demandez ma mort, j'en accepte l'arrêt*.
Votre ressentiment choisit la main d'un autre
(Je ne méritais pas de mourir de la vôtre) :
1495 On ne me verra point en repousser les coups ;
Je dois plus de respect à qui combat pour vous ;
Et ravi de penser que c'est de vous qu'ils viennent,
Puisque c'est votre honneur que ses armes soutiennent,
Je vais lui présenter mon estomac ouvert[2],
1500 Adorant en sa main la vôtre qui me perd[3].

Chimène

Si d'un triste devoir la juste* violence,
Qui me fait malgré moi poursuivre ta vaillance,
Prescrit à ton amour une si forte loi
Qu'il te rend sans défense à qui combat pour moi,
1505 En cet aveuglement ne perds pas la mémoire
Qu'ainsi que de ta vie il y va de ta gloire*,
Et que, dans quelque éclat que Rodrigue ait vécu,

---

1. Pour ma seule querelle : pour ma propre cause seulement.
2. Mon estomac ouvert : ma poitrine sans protection, c'est-à-dire qu'il ne fera rien pour
   empêcher les coups d'épée de le frapper à la poitrine.
3. Perd : tue.

Quand on le saura mort, on le croira vaincu [1].

   Ton honneur t'est plus cher que je ne te suis chère,
1510 Puisqu'il trempe tes mains dans le sang* de mon père,
Et te fait renoncer, malgré ta passion,
À l'espoir le plus doux de ma possession :
Je t'en vois cependant faire si peu de conte [2],
Que sans rendre combat tu veux qu'on te surmonte [3].
1515 Quelle inégalité ravale ta vertu [4] ?
Pourquoi ne l'as-tu plus, ou pourquoi l'avais-tu ?
Quoi ! n'es-tu généreux que pour me faire outrage ?
S'il ne faut m'offenser, n'as-tu point de courage* ?
Et traites-tu mon père avec tant de rigueur,
1520 Qu'après l'avoir vaincu tu souffres* un vainqueur ?
Va, sans vouloir mourir, laisse-moi te poursuivre,
Et défends ton honneur, si tu veux ne plus vivre.

Don Rodrigue

Après la mort du Comte, et les Mores* défaits,
Faudrait-il à ma gloire encor d'autres effets* ?
1525 Elle peut dédaigner le soin de me défendre [5] :
On sait que mon courage ose tout entreprendre,
Que ma valeur peut tout, et que dessous les cieux,
Auprès de mon honneur, rien ne m'est précieux.
Non, non, en ce combat, quoi que vous veuillez croire,
1530 Rodrigue peut mourir sans hasarder sa gloire [6],
Sans qu'on l'ose accuser d'avoir manqué de cœur,
Sans passer pour vaincu, sans souffrir un vainqueur.
On dira seulement : « Il adorait Chimène ;

---

1. Si d'un triste devoir […] on le croira vaincu : Chimène, pour convaincre Rodrigue de combattre, et non de se laisser tuer, utilise l'argument de l'honneur à préserver.
2. Faire si peu de conte : tenir si peu compte.
3. Qu'on te surmonte : être vaincu, défait.
4. Quelle inégalité ravale ta vertu ? : qu'est-ce qui empêche ton courage d'être constant ?
5. Elle peut dédaigner le soin de me défendre : ma gloire ou ma victoire prouve assez ma valeur, il est inutile que je me défende.
6. Hasarder sa gloire : mettre sa réputation en péril.

« Il n'a pas voulu vivre et mériter sa haine ;
1535 « Il a cédé lui-même à la rigueur du sort
« Qui forçait sa maîtresse* à poursuivre sa mort :
« Elle voulait sa tête ; et son cœur* magnanime*,
« S'il l'en eût refusée [1], eût pensé faire un crime.
« Pour venger son honneur il perdit son amour,
1540 « Pour venger sa maîtresse il a quitté le jour*,
« Préférant, quelque espoir qu'eût son âme asservie,
« Son honneur à Chimène, et Chimène à sa vie. »
Ainsi donc vous verrez ma mort en ce combat,
Loin d'obscurcir ma gloire*, en rehausser l'éclat ;
1545 Et cet honneur suivra mon trépas volontaire,
Que tout autre que moi n'eût pu vous satisfaire*.

CHIMÈNE

Puisque, pour t'empêcher de courir au trépas,
Ta vie et ton honneur sont de faibles appas*,
Si jamais je t'aimai, cher Rodrigue, en revanche [2],
1550 Défends-toi maintenant pour m'ôter à don Sanche ;
Combats pour m'affranchir d'une condition
Qui me donne à l'objet* de mon aversion [3].
Te dirai-je encor plus ? va, songe à ta défense,
Pour forcer mon devoir [4], pour m'imposer silence ;
1555 Et si tu sens pour moi ton cœur encore épris,
Sors vainqueur d'un combat dont Chimène est le prix.
Adieu : ce mot lâché me fait rougir de honte.

DON RODRIGUE, *seul.*

Est-il quelque ennemi qu'à présent je ne dompte ?
Paraissez, Navarrais, Mores* et Castillans,
1560 Et tout ce que l'Espagne a nourri de vaillants ;
Unissez-vous ensemble, et faites une armée,

---

1. S'il l'en eût refusée : s'il lui avait refusé sa tête (sa mort).
2. Si jamais je t'aimai […] en revanche : puisque je t'ai aimé, cher Rodrigue, en retour.
3. À l'objet de mon aversion : à un homme que je n'aime pas.
4. Pour forcer mon devoir : pour briser ma détermination à m'acquitter de mon devoir.

Pour combattre une main de la sorte animée :
Joignez tous vos efforts contre un espoir si doux ;
Pour en venir à bout, c'est trop peu que de vous [1].

Chez l'Infante.

SCÈNE 2 : L'INFANTE

L'INFANTE

1565 T'écouterai-je encor, respect de ma naissance [2],
                Qui fais un crime de mes feux* ?
T'écouterai-je, amour, dont la douce puissance
Contre ce fier* tyran fait révolter mes vœux [3] ?
                Pauvre princesse, auquel des deux
1570   Dois-tu prêter obéissance ?
Rodrigue, ta valeur te rend digne de moi ;
Mais, pour être [4] vaillant, tu n'es pas fils de roi.

Impitoyable sort, dont la rigueur sépare
                Ma gloire d'avec mes désirs,
1575 Est-il dit que le choix d'une vertu* si rare*
Coûte à ma passion de si grands déplaisirs* ?
                Ô cieux ! à combien de soupirs
                Faut-il que mon cœur se prépare,
Si jamais il n'obtient sur un [5] si long tourment
1580 Ni d'éteindre l'amour, ni d'accepter l'amant ?

---

1. Pour en venir à bout, c'est trop peu que de vous : vous ne serez jamais assez nombreux pour venir à bout de mon courage. Chimène, ayant admis qu'elle épousera le vainqueur, donne un courage indomptable à Rodrigue.
2. Respect de ma naissance : étant d'une noblesse supérieure à celle du Cid, la fille du roi ne peut l'aimer.
3. Contre ce fier tyran fait révolter mes vœux : « ce fier tyran » est l'honneur, la noblesse supérieure, qui s'oppose à son amour, à ses « vœux ».
4. Pour être : bien que tu sois.
5. Il n'obtient sur un : il n'obtient pas d'un.

Mais c'est trop de scrupule, et ma raison s'étonne
      Du mépris d'un si digne choix [1] :
Bien qu'aux monarques seuls ma naissance me donne,
Rodrigue, avec honneur je vivrai sous tes lois.
1585   Après avoir vaincu deux rois,
      Pourrais-tu manquer de couronne ?
Et ce grand nom de Cid* que tu viens de gagner
Ne fait-il pas trop voir sur qui tu dois régner ?

Il est digne de moi, mais il est à Chimène ;
1590   Le don que j'en ai fait me nuit.
Entre eux la mort d'un père a si peu mis de haine,
Que le devoir du sang [2] à regret le poursuit :
      Ainsi n'espérons aucun fruit
      De son crime, ni de ma peine,
1595 Puisque pour me punir le destin a permis
Que l'amour dure même entre deux ennemis.

SCÈNE 3 : L'Infante, Léonor

L'Infante

Où viens-tu, Léonor ?

Léonor

      Vous applaudir, Madame,
Sur le repos qu'enfin a retrouvé votre âme.

L'Infante

D'où viendrait ce repos dans un comble d'ennui* ?

---

1. Du mépris d'un si digne choix : de devoir rejeter un candidat qui mérite tant d'être aimé.
2. Le devoir du sang : le devoir de Chimène, venger la mort de son père ; son sang a été répandu, le coupable doit lui aussi verser son sang.

Léonor

1600 Si l'amour vit d'espoir, et s'il meurt avec lui,
Rodrigue ne peut plus charmer* votre courage*.
Vous savez le combat où Chimène l'engage :
Puisqu'il faut qu'il y meure, ou qu'il soit son mari,
Votre espérance est morte, et votre esprit guéri.

L'Infante

1605 Ah ! qu'il s'en faut encor [1] !

Léonor

Que pouvez-vous prétendre [2] ?

L'Infante

Mais plutôt quel espoir me pourrais-tu défendre ?
Si Rodrigue combat sous ces conditions,
Pour en rompre l'effet*, j'ai trop d'inventions.
L'amour, ce doux auteur de mes cruels supplices,
1610 Aux esprits des amants apprend trop d'artifices [3].

Léonor

Pourrez-vous quelque chose, après qu'un père mort
N'a pu dans leurs esprits allumer de discord* ?
Car Chimène aisément montre par sa conduite
Que la haine aujourd'hui ne fait pas sa poursuite [4].
1615 Elle obtient un combat, et pour son combattant
C'est le premier offert [5] qu'elle accepte à l'instant :
Elle n'a point recours à ces mains généreuses*
Que tant d'exploits fameux rendent si glorieuses ;
Don Sanche lui suffit, et mérite son choix,
1620 Parce qu'il va s'armer pour la première fois [6].
Elle aime en ce duel son peu d'expérience ;

---

1. Ah ! qu'il s'en faut encor : je n'en suis pas encore guérie ; le chemin de la guérison est bien long !
2. Prétendre : espérer, attendre.
3. Artifices : ruses, astuces, subterfuges.
4. Ne fait pas sa poursuite : n'est pas ce qui l'incite à poursuivre Rodrigue.
5. Le premier offert : le premier qui s'est offert à combattre pour elle.
6. Il va s'armer pour la première fois : ce sera le premier combat de don Sanche.

© Fernand Leclair.

L'Infante (Louison Danis) :
[…] mon cœur
À l'envi de Chimène adore ce vainqueur.
À quoi me résoudrai-je, amante infortunée ?

Léonor (Claire Faubert) :
À vous mieux souvenir de qui vous êtes née :
Le ciel vous doit un roi, vous aimez un sujet !

L'Infante (Louison Danis) :
Mon inclination a bien changé d'objet.
Je n'aime plus Rodrigue, un simple gentilhomme ;
Non, ce n'est plus ainsi que mon amour le nomme :
Si j'aime, c'est l'auteur de tant de beaux exploits,
C'est le valeureux Cid, le maître de deux rois.

Acte v, scène 3, vers 1627 à 1636.

Théâtre du Nouveau Monde, 1979.
Mise en scène de Jean Gascon.

Comme il est sans renom, elle est sans défiance ;
Et sa facilité[1] vous doit bien faire voir
Qu'elle cherche un combat qui force son devoir[2],
1625 Qui livre à son Rodrigue une victoire aisée,
Et l'autorise enfin à paraître apaisée.

L'Infante

Je le remarque assez, et toutefois mon cœur
À l'envi de[3] Chimène adore ce vainqueur.
À quoi me résoudrai-je, amante infortunée ?

Léonor

1630 À vous mieux souvenir de qui vous êtes née :
Le ciel* vous doit un roi, vous aimez un sujet !

L'Infante

Mon inclination a bien changé d'objet*.
Je n'aime plus Rodrigue, un simple gentilhomme ;
Non, ce n'est plus ainsi que mon amour le nomme :
1635 Si j'aime, c'est l'auteur de tant de beaux exploits,
C'est le valeureux Cid*, le maître de deux rois.
     Je me vaincrai pourtant, non de peur d'aucun blâme,
Mais pour ne troubler pas une si belle flamme* ;
Et quand pour m'obliger[4] on l'aurait couronné,
1640 Je ne veux point reprendre un bien que j'ai donné.
     Puisqu'en un tel combat sa victoire est certaine,
Allons encore un coup[5] le donner à Chimène.
Et toi, qui vois les traits* dont mon cœur* est percé,
Viens me voir achever comme j'ai commencé.

---

1. Sa facilité : la rapidité avec laquelle elle a accepté don Sanche comme champion.
2. Qui force son devoir : qui brise sa détermination à s'acquitter de son devoir (voir v. 1554).
3. À l'envi de : comme celui de.
4. Et quand pour m'obliger : et même si, pour servir mes désirs, pour me plaire.
5. Encore un coup : une nouvelle fois.

Chez Chimène.

SCÈNE 4 : CHIMÈNE, ELVIRE

CHIMÈNE

1645 Elvire, que je souffre, et que je suis à plaindre !
      Je ne sais qu'espérer, et je vois tout à craindre ;
      Aucun vœu ne m'échappe où j'ose consentir[1] ;
      Je ne souhaite rien sans un prompt repentir.
      À deux rivaux pour moi je fais prendre les armes :
1650 Le plus heureux succès me coûtera des larmes ;
      Et quoi qu'en ma faveur en ordonne le sort[2],
      Mon père est sans vengeance, ou mon amant est mort.

ELVIRE

      D'un et d'autre côté, je vous vois soulagée :
      Ou vous avez Rodrigue, ou vous êtes vengée ;
1655 Et quoi que le destin puisse ordonner de vous,
      Il soutient votre gloire*, et vous donne un époux.

CHIMÈNE

      Quoi ! l'objet* de ma haine ou de tant de colère !
      L'assassin de Rodrigue ou celui de mon père !
      De tous les deux côtés on me donne un mari
1660 Encor tout teint du sang que j'ai le plus chéri ;
      De tous les deux côtés mon âme se rebelle :
      Je crains plus que la mort la fin de ma querelle[3].
      Allez, vengeance, amour, qui troublez mes esprits,
      Vous n'avez point pour moi de douceurs à ce prix ;
1665 Et toi, puissant moteur du destin[4] qui m'outrage,
      Termine ce combat sans aucun avantage,
      Sans faire aucun des deux ni vaincu ni vainqueur[5].

---

1. Aucun vœu ne m'échappe où j'ose consentir : je n'arrive à me résoudre ni à l'espoir ni à la crainte (v. 1646).
2. Et quoi qu'en ma faveur en ordonne le sort : quelle que soit l'issue que le hasard me réserve.
3. La fin de ma querelle : le dénouement de ce que j'ai mis en branle.
4. Puissant moteur du destin : Dieu, la Providence, maître de la destinée des humains.
5. Sans aucun avantage […] ni vainqueur : de manière à ce qu'aucun des deux rivaux n'ait l'avantage.

ELVIRE

Ce serait vous traiter avec trop de rigueur.

Ce combat pour votre âme est un nouveau supplice,
1670 S'il vous laisse obligée à demander justice,
À témoigner toujours ce haut ressentiment,
Et poursuivre toujours la mort de votre amant.
Madame, il vaut bien mieux que sa rare* vaillance,
Lui couronnant le front, vous impose silence ;
1675 Que la loi du combat étouffe vos soupirs,
Et que le Roi vous force à suivre vos désirs.

CHIMÈNE

Quand il sera vainqueur, crois-tu que je me rende ?
Mon devoir est trop fort, et ma perte est trop grande ;
Et ce n'est pas assez, pour leur faire la loi,
1680 Que celle du combat et le vouloir du Roi[1].
Il peut vaincre don Sanche avec fort peu de peine,
Mais non pas avec lui la gloire de Chimène ;
Et quoi qu'à sa victoire un monarque ait promis,
Mon honneur lui fera mille autres ennemis.

ELVIRE

1685 Gardez[2], pour vous punir de cet orgueil étrange,
Que le ciel* à la fin ne souffre* qu'on vous venge.
Quoi ! vous voulez encor refuser le bonheur
De pouvoir maintenant vous taire avec honneur ?
Que prétend ce devoir, et qu'est-ce qu'il espère ?
1690 La mort de votre amant vous rendra-t-elle un père ?
Est-ce trop peu pour vous que d'un coup de malheur[3] ?
Faut-il perte sur perte, et douleur sur douleur ?
Allez, dans le caprice[4] où votre humeur s'obstine,

---

1. Et ce n'est pas assez […] le vouloir du Roi : ni le combat ni la volonté du Roi ne peuvent changer ce que j'ai perdu et ce que je dois faire (« devoir » et « perte » au v. 1678).
2. Gardez : prenez garde.
3. Que d'un coup de malheur : qu'un seul malheur.
4. Caprice : lubie imaginaire, condition imposée par caprice.

Vous ne méritez pas l'amant qu'on vous destine ;
1695   Et nous verrons du ciel* l'équitable courroux
Vous laisser, par sa mort, don Sanche pour époux.

CHIMÈNE
Elvire, c'est assez des peines que j'endure,
Ne les redouble point de ce funeste* augure.
Je veux, si je le puis, les éviter tous deux ;
1700 Sinon en ce combat Rodrigue a tous mes vœux :
Non qu'une folle ardeur de son côté me penche* ;
Mais s'il était vaincu, je serais à don Sanche :
Cette appréhension fait naître mon souhait.
Que vois-je, malheureuse ? Elvire, c'en est fait.

SCÈNE 5 : DON SANCHE, CHIMÈNE, ELVIRE

DON SANCHE
1705 Obligé d'apporter à vos pieds cette épée…

CHIMÈNE
Quoi ! du sang de Rodrigue encor toute trempée ?
Perfide, oses-tu bien te montrer à mes yeux,
Après m'avoir ôté ce que j'aimais le mieux ?
   Éclate, mon amour, tu n'as plus rien à craindre :
1710 Mon père est satisfait*, cesse de te contraindre.
Un même coup a mis ma gloire* en sûreté,
Mon âme au désespoir, ma flamme* en liberté.

DON SANCHE
D'un esprit plus rassis[1]…

CHIMÈNE
           Tu me parles encore,
Exécrable assassin d'un héros que j'adore !

---

1. Rassis : calme, réfléchi.

1715 Va, tu l'as pris en traître ; un guerrier si vaillant
N'eût jamais succombé sous un tel assaillant.
N'espère rien de moi, tu ne m'as point servie !
En croyant me venger, tu m'as ôté la vie.

Don Sanche
Étrange impression, qui, loin de m'écouter [1]...

Chimène
1720 Veux-tu que de sa mort je t'écoute vanter,
Que j'entende à loisir avec quelle insolence
Tu peindras son malheur, mon crime et ta vaillance ?

SCÈNE 6 : Don Fernand, Don Diègue, Don Arias, Don Sanche, Don Alonse, Chimène, Elvire

Chimène
Sire, il n'est plus besoin de vous dissimuler
Ce que tous mes efforts ne vous ont pu celer.
1725 J'aimais, vous l'avez su ; mais pour venger mon père,
J'ai bien voulu proscrire [2] une tête si chère :
Votre Majesté, Sire, elle-même a pu voir
Comme j'ai fait céder mon amour au devoir.
Enfin Rodrigue est mort, et sa mort m'a changée
1730 D'implacable ennemie en amante affligée.
J'ai dû cette vengeance à qui m'a mise au jour*,
Et je dois maintenant ces pleurs à mon amour.
Don Sanche m'a perdue en prenant ma défense,
Et du bras qui me perd je suis la récompense !
1735 Sire, si la pitié peut émouvoir un roi,
De grâce, révoquez une si dure loi ;

---

1. Étrange impression, qui, loin de m'écouter : votre réaction inexplicable fait que vous ne m'écoutez pas.
2. Proscrire : faire condamner.

Pour prix d'une victoire où je perds ce que j'aime,
Je lui laisse mon bien; qu'il me laisse à moi-même;
Qu'en un cloître sacré je pleure incessamment[1],
1740 Jusqu'au dernier soupir, mon père et mon amant.

Don Diègue

Enfin elle aime, Sire, et ne croit plus un crime
D'avouer par sa bouche un amour légitime.

Don Fernand

Chimène, sors d'erreur, ton amant n'est pas mort,
Et don Sanche vaincu t'a fait un faux rapport.

Don Sanche

1745 Sire, un peu trop d'ardeur, malgré moi l'a déçue* :
Je venais du combat lui raconter l'issue.
Ce généreux* guerrier, dont son cœur est charmé* :
« Ne crains rien, m'a-t-il dit, quand il m'a désarmé;
« Je laisserais plutôt la victoire incertaine,
1750 « Que de répandre un sang* hasardé[2] pour Chimène;
« Mais puisque mon devoir m'appelle auprès du Roi,
« Va de notre combat l'entretenir pour moi,
« De la part du vainqueur lui porter ton épée. »
Sire, j'y suis venu : cet objet l'a trompée;
1755 Elle m'a cru vainqueur, me voyant de retour,
Et soudain sa colère a trahi son amour
Avec tant de transport* et tant d'impatience,
Que je n'ai pu gagner un moment d'audience[3].
        Pour moi, bien que vaincu, je me répute[4] heureux;
1760 Et malgré l'intérêt* de mon cœur amoureux,
Perdant infiniment, j'aime encor ma défaite,
Qui fait le beau succès d'une amour si parfaite[5].

---

1. Incessamment : sans cesse et au plus tôt.
2. Hasardé : risqué.
3. D'audience : d'attention.
4. Je me répute : je m'estime.
5. Une amour si parfaite : le mot « amour » était employé aussi bien au masculin qu'au féminin au XVIIᵉ siècle.

Don Fernand

Ma fille, il ne faut point rougir d'un si beau feu*,
Ni chercher les moyens d'en faire un désaveu.
1765 Une louable honte en vain t'en sollicite[1] :
Ta gloire* est dégagée[2], et ton devoir est quitte ;
Ton père est satisfait*, et c'était le venger
Que mettre tant de fois ton Rodrigue en danger.
Tu vois comme le ciel* autrement en dispose.
1770 Ayant tant fait pour lui[3], fais pour toi quelque chose,
Et ne sois point rebelle à mon commandement,
Qui te donne un époux aimé si chèrement.

SCÈNE 7 : Don Fernand, Don Diègue, Don Arias, Don Rodrigue, Don Alonse, Don Sanche, L'Infante, Chimène, Léonor, Elvire

L'Infante

Sèche tes pleurs, Chimène, et reçois sans tristesse
Ce généreux vainqueur des mains de ta princesse.

Don Rodrigue

1775 Ne vous offensez point, Sire, si devant vous
Un respect amoureux me jette à ses genoux.
    Je ne viens point ici demander ma conquête :
Je viens tout de nouveau vous apporter ma tête,
Madame ; mon amour n'emploiera point pour moi
1780 Ni la loi du combat, ni le vouloir du Roi.
    Si tout ce qui s'est fait est trop peu pour un père,
Dites par quels moyens il vous faut satisfaire.
Faut-il combattre encor mille et mille rivaux,

---

1. T'en sollicite : t'y pousserait, l'exigerait de toi.
2. Dégagée : libérée de l'obligation de poursuivre Rodrigue.
3. Pour lui : pour ton père.

© Fernand Leclair.

L'Infante (Louison Danis) :
Sèche tes pleurs, Chimène, et reçois sans tristesse
Ce généreux vainqueur des mains de ta princesse.

Don Rodrigue (Paul Savoie) :
Ne vous offensez point, Sire, si devant vous
Un respect amoureux me jette à ses genoux.
　　Je ne viens point ici demander ma conquête :
Je viens tout de nouveau vous apporter ma tête,
Madame ; mon amour n'emploiera point pour moi
Ni la loi du combat, ni le vouloir du Roi.
Si tout ce qui s'est fait est trop peu pour un père,
Dites par quels moyens il vous faut satisfaire.

ACTE V, SCÈNE 7, VERS 1773 À 1782.

THÉÂTRE DU NOUVEAU MONDE, 1979.
MISE EN SCÈNE DE JEAN GASCON.

Aux deux bouts de la terre étendre mes travaux*,
1785 Forcer moi seul un camp[1], mettre en fuite une armée,
Des héros fabuleux passer la renommée[2]?
Si mon crime par là se peut enfin laver,
J'ose tout entreprendre, et puis tout achever;
Mais si ce fier* honneur, toujours inexorable[3],
1790 Ne se peut apaiser sans la mort du coupable,
N'armez plus contre moi le pouvoir des humains:
Ma tête est à vos pieds, vengez-vous par vos mains;
Vos mains seules ont droit de vaincre un invincible;
Prenez une vengeance à tout autre impossible.
1795 Mais du moins que ma mort suffise à me punir:
Ne me bannissez point de votre souvenir;
Et, puisque mon trépas conserve votre gloire*,
Pour vous en revancher conservez ma mémoire[4],
Et dites quelquefois, en déplorant mon sort:
1800 « S'il ne m'avait aimée, il ne serait pas mort.»

CHIMÈNE

Relève-toi, Rodrigue. Il faut l'avouer, Sire,
Je vous en ai trop dit pour m'en vouloir dédire.
Rodrigue a des vertus* que je ne puis haïr;
Et quand un roi commande, on lui doit obéir.
1805 Mais à quoi que déjà vous m'ayez condamnée,
Pourrez-vous à vos yeux souffrir* cet hyménée*?
Et quand de mon devoir vous voulez cet effort,
Toute votre justice en est-elle d'accord?
Si Rodrigue à l'État devient si nécessaire,
1810 De ce qu'il fait pour vous dois-je être le salaire,

---

1. Forcer moi seul un camp: m'emparer tout seul d'une place forte, d'un campement militaire.
2. Des héros fabuleux passer la renommée: surpasser la renommée des héros de la mythologie.
3. Inexorable: inflexible, intransigeant.
4. Pour vous en revancher conservez ma mémoire: pour compenser ma mort, gardez le souvenir de moi.

Et me livrer moi-même au reproche éternel
D'avoir trempé mes mains dans le sang* paternel[1]?

DON FERNAND

Le temps assez souvent a rendu légitime
Ce qui semblait d'abord ne se pouvoir sans crime[2]:
1815 Rodrigue t'a gagnée, et tu dois être à lui.
Mais quoique sa valeur t'ait conquise aujourd'hui,
Il faudrait que je fusse ennemi de ta gloire*
Pour lui donner sitôt le prix de sa victoire.
Cet hymen* différé ne rompt point une loi
1820 Qui, sans marquer de temps, lui destine ta foi*.
Prends un an, si tu veux, pour essuyer tes larmes.
Rodrigue, cependant[3] il faut prendre les armes.
Après avoir vaincu les Mores* sur nos bords[4],
Renversé leurs desseins, repoussé leurs efforts,
1825 Va jusqu'en leur pays leur reporter la guerre,
Commander mon armée, et ravager leur terre:
À ce nom seul de Cid* ils trembleront d'effroi;
Ils t'ont nommé seigneur, et te voudront pour roi.
Mais parmi tes hauts faits sois-lui toujours fidèle[5]:
1830 Reviens-en, s'il se peut, encor plus digne d'elle;
Et par tes grands exploits fais-toi si bien priser[6]
Qu'il lui soit glorieux alors de t'épouser.

---

1. D'avoir trempé mes mains dans le sang paternel: d'avoir été de connivence avec l'assassin de mon père.
2. Ne se pouvoir sans crime: ne pas être possible, car on dirait qu'il s'agit d'un crime ou d'un sacrilège.
3. Cependant: pendant ce temps.
4. Sur nos bords: dans notre pays, dans les environs.
5. Sois-lui toujours fidèle: à Chimène.
6. Priser: apprécier, estimer.

Don Rodrigue

Pour posséder Chimène, et pour votre service,
Que peut-on m'ordonner que mon bras n'accomplisse ?
1835 Quoi qu'absent de ses yeux il me faille endurer[1],
Sire, ce m'est trop d'heur[2] de pouvoir espérer.

Don Fernand

Espère en ton courage*, espère en ma promesse ;
Et possédant déjà le cœur* de ta maîtresse*,
Pour vaincre un point d'honneur qui combat contre toi,
1840 Laisse faire le temps, ta vaillance et ton roi.

D. D. Petrus Corneille

---

1. Quoi qu'absent de ses yeux il me faille endurer : quels que soient les tourments que je doive endurer quand je serai éloigné d'elle.
2. Ce m'est trop d'heur : c'est pour moi un très grand bonheur.

PLAN DE SÉVILLE EN 1593.
GEORG BRAUN (1541-1622)
ET FRANS HOGENBERG (1535-1590).

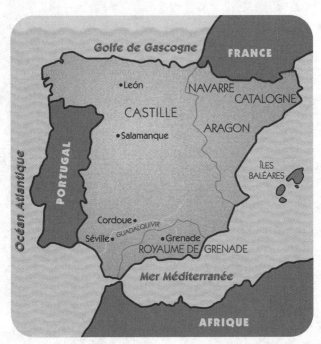

L'Espagne du *Cid*.

PIERRE CORNEILLE
ANONYME, XVIIe SIÈCLE.

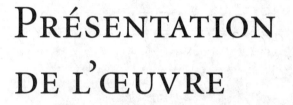

PRÉSENTATION DE L'ŒUVRE

LE

THEATRE

DE

P CORNEILLE

REVEV ET CORRIGE' PAR L'AVTHEVR.

I PARTIE

Imprimé à Rovon. Et se vend

A PARIS,

Chez THOMAS IOLLY, au Palais, dans la Gallerie
des Merciers, à la Palme, & aux armes
de Hollande.

M. DC. LXIV.

AVEC PRIVILEGE DV ROY.

Le Théâtre de P. Corneille, Paris,
T. Jolly, 1664, tome I.

CORNEILLE ET SON ÉPOQUE

Le contexte sociohistorique

La France de 1636 a pour roi Louis XIII ; encore assez jeune — il a 37 ans —, il ne sait pas que son règne achève. S'il semble peu intéressé aux affaires de l'État, il a eu la clairvoyance de nommer un puissant ministre, le cardinal de Richelieu, grâce à qui le pouvoir royal s'est considérablement affermi : l'absolutisme[1] est assuré. Malgré certaines défaites, comme à Corbie en 1635 contre les Espagnols, règle générale, la France est favorisée par le sort des armes. Une succession de victoires militaires et diplomatiques lui a conféré un prestige grandissant, et le français, parlé aussi bien dans le royaume qu'ailleurs en Europe, s'affirme comme la langue du pays le plus puissant. Sur le plan de la religion et de la culture, la France s'impose aussi : le catholicisme est presque partout religion d'État, les protestants n'occupant plus que des territoires marginaux ; le classicisme est en gestation et deviendra bientôt le mouvement artistique dominant : Louis XIV en fera un puissant instrument au service de sa majesté et de sa gloire. Les arts, la mode, la pensée puisent à la source française, cartésienne et classique.

LA QUESTION RELIGIEUSE

Les affrontements entre chrétiens

Quand Henri IV, roi de 1589 à 1610, accède au trône de France, il hérite d'un royaume déchiré par les quelque trente ans des guerres de Religion. Les tensions viennent du fait que, au cours des années 1400 et 1500, des réformateurs religieux se sont fait entendre un peu partout en Europe : Luther en Allemagne et Calvin en France, par exemple, s'opposent au dogmatisme religieux imposé par l'Église catholique de Rome. Le schisme anglican de 1534 en Angleterre — ennemie séculaire de la France — ne fut pas non plus sans influence sur le durcissement des positions dans les pays à dominance catholique comme la France. Des raisons politiques se superposent à

---

1. Pouvoir absolu du roi, sans aucune limite légale, le roi étant l'autorité suprême après Dieu.

une situation religieuse complexe, de sorte que les catholiques (regroupés dans la Ligue, ou Sainte Ligue) et les protestants (partisans de Calvin, appelés calvinistes ou, par mépris, huguenots) s'affrontent violemment. Ces affrontements atteindront leur paroxysme lors du massacre de la Saint-Barthélémy (23 au 24 août 1572), où plus de 3000 protestants périront à Paris en une seule nuit. Les massacres ne cesseront qu'avec l'arrivée au pouvoir d'un roi tolérant, mais disposant de suffisamment d'appuis pour imposer sa volonté de faire cesser cette inutile violence : Henri IV. Il est vrai que les partis adverses sont à bout de forces, que le pays s'épuise en vaines querelles. Henri IV, élevé dans le protestantisme, acceptera de devenir catholique pour redonner la paix à son pays.

Aussi proclame-t-il en 1598 l'édit de Nantes, arrêté royal par lequel il entend mettre fin à la dévastation du pays par les factions rivales, catholiques et protestantes. Avant-gardiste pour son époque dans un pays resté assez farouchement catholique, cet édit accordait en fait la liberté religieuse ainsi qu'une certaine égalité des droits aux protestants, du moins dans quelques régions et villes. Si les tensions semblent apaisées pour un temps, la question n'est pourtant pas réglée définitivement puisque le roi sera assassiné en 1610 par un catholique.

Nous verrons dans la biographie de Corneille que la pratique religieuse occupe une place importante dans sa vie ; il s'agit en outre d'une des valeurs fondamentales de son art. Les héros de ses pièces sont non seulement des modèles d'« honnête homme », mais souvent aussi des modèles de moralité, presque de sainteté. Que l'on pense à la profession de foi chrétienne du héros éponyme dans *Polyeucte,* par exemple.

L'Europe et l'Islam

La ferveur religieuse ne provoque pas uniquement des affrontements entre les sectes chrétiennes. Si, en territoire européen, les catholiques combattent férocement ceux qu'ils appellent hérétiques, c'est-à-dire les protestants, tous les chrétiens s'entendent pour lutter contre les infidèles, c'est-à-dire les musulmans.

La religion musulmane, fondée au VIIe siècle par Mahomet (570-632) en Arabie, commande à ses adeptes un militantisme rigoureux, et tant par les missions que par les armes, la nouvelle religion conquiert bientôt de vastes territoires. À la mort de Mahomet, la péninsule arabe entière est musulmane. Dès le début du VIIIe siècle, la foi s'est répandue dans tout le Moyen-Orient, des frontières de l'Inde à l'Égypte, et bientôt elle s'étendra à toute l'Afrique du Nord, pénétrant même le territoire européen en asservissant une bonne partie de l'Espagne.

Les chrétiens répondent par les Croisades à cette expansion menaçante, mais tentent en vain de l'enrayer. Entre 1096 et 1291, sous prétexte de délivrer les territoires bibliques, on entreprend neuf croisades contre les infidèles, qui se soldent par d'éphémères victoires. Elles ne produisent cependant pas que des bénéfices religieux, comme l'accès aux Lieux saints pour les chrétiens ; si elles coûtent évidemment très cher en vies et en ressources économiques, elles mettent les peuples européens en contact avec une civilisation très avancée, qui avait assez bien conservé et accru l'héritage de l'Antiquité. C'est aux Arabes, par exemple, que l'on doit l'invention du zéro et la numérotation que l'on connaît de nos jours, preuve de leur supériorité dans le domaine des mathématiques. Il faut donc leur reconnaître une part du mérite dans l'avènement de la Renaissance en Europe.

Les affrontements avec les chrétiens ne prirent pas fin avec les Croisades. En envahissant le territoire qui constitue aujourd'hui la Turquie, puis en faisant tomber Constantinople en 1453, les musulmans étaient à la frontière de l'Europe. Ils exerçaient ainsi une pression énorme par l'est en traversant les Balkans (Bulgarie, Yougoslavie, Albanie, Roumanie et Hongrie modernes) et en se rendant même jusqu'aux portes de Vienne. Entre 1529 et 1683 en effet, la capitale de l'Autriche subit la menace constante de l'Empire turc, ou ottoman, comme on disait alors. On voit donc qu'à l'époque de Corneille, le problème des relations avec l'Islam n'est pas réglé.

Sur le flanc ouest, les Arabes, qu'on appelait Mores ou Maures, furent arrêtés à Poitiers (aujourd'hui en France) en 732, mais ils dominaient presque toute l'Espagne. Les Espagnols ne purent entreprendre la *Reconquista* (Reconquête) qu'à partir du XIe siècle, à la faveur du morcellement du califat de Cordoue. Cette réappropriation du territoire espagnol par les chrétiens se termina en 1492 par la prise de Grenade, dernier retranchement des Maures sur la péninsule ibérique.

L'EXPULSION DES MORISQUES (DÉTAIL).
VINCENZO CARDUCCI (1578-1636).

C'est dans ce contexte que se situe l'action du *Cid*, aux toutes premières heures de la *Reconquista*. S'il est une leçon que les Européens tirent de leurs affrontements avec les musulmans, c'est que le sud et l'est leur opposent un adversaire formidable, qui leur bloque toute expansion dans ces directions. Beaucoup d'historiens voient, dans le fait que la porte de l'Asie leur fût ainsi fermée, l'une des causes de la recherche de nouvelles routes commerciales vers l'Orient. L'année 1492 n'est, à ce titre, pas du tout anodine, car c'est celle qui vit Christophe Colomb prendre la mer et découvrir l'Amérique. Les principaux royaumes européens se tailleront des empires colossaux dans ces territoires, acquérant du même souffle une ferveur nouvelle pour la découverte de routes commerciales maritimes, lesquelles écarteront les pays musulmans du monopole qu'ils exerçaient dans le commerce entre l'Occident et l'Orient. Les Portugais et les Espagnols furent les premiers à se partager ces terres neuves. Au xviiᵉ siècle, cependant, de nouvelles puissances émergent : la France, l'Angleterre et les Pays-Bas. Il faut dire que l'Espagne n'est plus ce qu'elle a été. Ce sont ces autres pays qui poursuivront leurs rêves de conquêtes en traversant l'Atlantique, puis le Pacifique pour accéder aux épices de ses îles fabuleuses et aux richesses des pays merveilleux décrits par Marco Polo. Ainsi, les héros peints par Corneille ne se veulent pas seulement le portrait fidèle de personnages historiques propres à l'Espagne, mais autant de modèles pour tous les Européens, en particulier les Français, qui réclament eux aussi leur part des terres nouvelles.

L'AUTORITÉ ROYALE

Le règne de Louis XIII

Après l'assassinat d'Henri IV en 1610 par un catholique extrémiste, Ravaillac, le pouvoir royal évoluera vers la monarchie absolue, ou absolutisme : le roi ne répond de son pouvoir qu'à Dieu, exerce son autorité sans les limites d'un cadre légal, aucune loi ne pouvant être au-dessus du roi. Tous les régimes monarchiques ne sont pas aussi extrêmes. En Angleterre, par exemple, dès 1215, les nobles imposent au roi la *Magna Carta*, ou Grande Charte, qui garantit les droits seigneuriaux contre l'arbitraire de l'absolutisme et qui institue le Conseil royal ou Chambre des lords.

Rien de tel en France sous l'Ancien Régime. Le Dauphin, futur Louis XIII, roi de 1610 à 1643, n'a que neuf ans à la mort de son père en 1610. Sa mère, Marie de Médicis, assurera la régence jusqu'en 1617 et entrera même en guerre contre le jeune Louis XIII, lequel vaincra en 1620 les armées de sa mère, alliées à celles de certains Grands du royaume. Plus tard, le jeune Louis XIV devra aussi affronter la noblesse et réglera à sa façon la question de sa souveraineté personnelle. Sous Louis XIII, l'arrivée du cardinal de Richelieu comme ministre plénipotentiaire marque un tournant décisif : de 1624 à sa mort en 1642, il n'aura de cesse d'affermir le pouvoir du roi de même que le prestige et la suprématie française en Europe.

Les querelles entre catholiques et protestants se poursuivent durant tout le règne de Louis XIII. Ainsi, Richelieu lance l'armée à l'assaut de La Rochelle, une ville fortifiée acquise aux calvinistes depuis l'édit de Nantes, sous prétexte qu'elle entretient des contacts avec l'Angleterre, avec laquelle la France est en guerre. Le siège de la ville dure quinze mois puis, à la reddition, en 1628, les fortifications sont rasées et les protestants perdent leurs privilèges. Toutefois, la politique de Richelieu est à tout le moins ambiguë, car il oppressera également les jansénistes. De plus, il n'hésitera pas à allier la France à des pays protestants en guerre contre des pays catholiques : en se lançant dans ce qui deviendra la guerre de Trente Ans (1618-1648), Richelieu maintient la division des États qui fera de la France la puissance européenne dominante.

Le règne de Louis XIV

En 1643, le royaume échoit au jeune Louis XIV (roi de 1643 à 1715) qui, à cinq ans, ne peut lui non plus véritablement exercer le pouvoir. Sa mère, Anne d'Autriche, assistée du cardinal Mazarin, verra aux affaires du royaume jusqu'en 1661, année de la mort du cardinal. Cette période fut troublée par la Fronde, révolte contre l'absolutisme royal, d'abord dirigée par des parlementaires, puis par d'importants groupes de nobles, parmi lesquels le prince de Condé, alliance qui blessera profondément le jeune roi. La victoire militaire de ce dernier sur la Fronde lui assurera le pouvoir absolu.

Louis XIV entend bien mettre un terme aux récriminations séculaires de la noblesse, car l'histoire lui apprend que plusieurs de ses prédécesseurs ont eu à affronter des rébellions plus ou moins ouvertes des aristocrates. Il croit qu'il vaut mieux surveiller ces derniers, mais il tient à le faire de manière qu'ils ne tentent plus de se révolter. En entreprenant en 1661 la construction du château de Versailles, il entend créer une merveille architecturale qui témoignera de la grandeur de son règne certes, mais il compte bien aussi que, dans cette prison dorée, les nobles s'occuperont plus de sa gloire personnelle que de la leur. L'histoire atteste de sa réussite : jusqu'à la Révolution française (1789), l'aristocratie restera fidèle au roi, et l'on ne verra plus les Grands du royaume contester l'autorité royale.

L'emprise de Louis XIV sur les arts

L'année 1661 sert de référence pour fixer le début du classicisme triomphant (environ de 1660 à 1680 ou 1685) dans le domaine littéraire et artistique. La mainmise du Roi-Soleil, surnom que se donnait Louis XIV pour illustrer sa propre importance, dépasse largement le domaine politique. Comme dans de nombreuses cours européennes, le roi veille non seulement aux affaires économiques, politiques et militaires, mais aussi aux questions de goût, de mode, d'art, etc. Le roi affirme-t-il apprécier tel poète, tel architecte ou tel musicien ? Voilà l'artiste devenu populaire auprès de la noblesse, sa richesse assurée par sa popularité. Le roi porte tel article vestimentaire, ajoute tel pas à une danse, s'émeut pour telle œuvre ? La mode est lancée : chacun se vêt à sa façon, danse à sa manière, applaudit la même réussite artistique. De là à dire que le classicisme, c'est le roi, il n'y a qu'un pas. Le fait est qu'il a accueilli et entretenu une foule de poètes, de dramaturges, d'historiens, de biographes, de peintres, de musiciens, d'architectes, de jardiniers, etc., dont le seul rôle était de le glorifier, de montrer dans leurs créations la grandeur de son règne.

CARDINAL DUC DE RICHELIEU (1585-1642).
PHILIPPE DE CHAMPAIGNE (1602-1674).

Louis XIV voit d'un mauvais œil le mécénat privé. L'arrestation et la condamnation de Fouquet en 1661 en témoignent : pour un banquet trop fastueux à son château de Vaux-le-Vicomte, il est accusé de corruption, et les artistes qu'il protégeait (les écrivains La Fontaine et Molière, les peintres Poussin et Le Brun, entre autres) durent passer au service du roi ou trouver un autre protecteur. Le roi préfère établir un système de « pensions » qui lui attachera les artistes au lieu de les laisser, dans les mains de riches mécènes, chanter la gloire de ceux-ci plutôt que la sienne. Jusqu'à la Révolution de 1789, l'État français protégera et subventionnera les arts et les artistes qui plairont au roi et à la cour.

Quant aux frères Corneille, Pierre et Thomas, que les circonstances avaient amenés dans l'entourage de Fouquet, ils en furent quittes pour quelques années de vaches maigres. Ce ne sera en effet qu'en 1663 que Pierre Corneille se verra offrir une pension royale. Même en 1675, il sera « oublié » sur la liste des pensions, oubli qu'il subira durant sept ans. Effet du hasard ou volonté royale ? Les désagréments se succèdent. En 1663, Louis XIV révoque toutes les lettres de noblesse émises depuis 1630 ; comme les Corneille n'ont été anoblis qu'en 1637, ils perdent leur titre. Même pour un avocat et un auteur aussi célèbre que Pierre Corneille, la route est longue et semée d'embûches : malgré une promesse datant de 1665, il n'obtiendra pleine et entière satisfaction qu'en 1670.

L'évocation de l'autorité royale dans *Le Cid*

Le lecteur ne manquera pas de remarquer les nombreuses références à l'autorité indiscutable et incontestable du roi dans *Le Cid*. Ainsi, lorsque le Comte affirme que les rois, tout comme les hommes ordinaires, peuvent se tromper, don Diègue répond avec vigueur : « Mais on doit ce respect au pouvoir absolu, / De n'examiner rien quand un roi l'a voulu » (v. 163-164). C'est encore le Comte qui, un peu plus loin, affirme que l'honneur de celui qui a rendu tant de services au royaume passe avant les ordres du roi ; l'arrogance qui défie le pouvoir absolu doit être condamnée, et don Arias le fait en ces termes : « Quoi qu'on fasse d'illustre et de considérable, / Jamais à son sujet un roi n'est redevable. [...] Vous devez redouter la puissance

ALLÉGORIE À LA GLOIRE DE LOUIS XIV.
ANTOINE COYPEL (1661-1722).

d'un roi» (v. 369-370 et 375), ajoutant encore des références au «pouvoir souverain» (v. 379) et au fait que «les rois veulent être absolus» (v. 387). L'attitude du Comte provoque la colère du roi don Fernand lui-même :

> «[…] un sujet téméraire
> A si peu de respect et de soin de me plaire !
> Il offense don Diègue, et méprise son roi !
> Au milieu de ma cour il me donne la loi !
> Qu'il soit brave guerrier, qu'il soit grand capitaine,
> Je saurai bien rabattre une humeur si hautaine» (v. 561-566).

De tels propos ne pouvaient que plaire au roi, à sa cour, de même qu'à Richelieu, car c'est exactement le genre d'autorité qu'ils sont en train de mettre sur pied en France. C'est comme si Corneille venait justifier par un événement historique lointain les aspirations de la monarchie française au pouvoir absolu.

Les renvois à ce qui se passe en France à l'époque de Corneille paraissent encore plus évidents au moment où l'on parle des duels. Au Moyen Âge, on les considérait plutôt comme des jugements de Dieu, le vainqueur ayant prouvé par sa victoire son innocence ou sa bonne foi ; au XVIIe siècle, au contraire, on les voyait comme des défis à l'autorité absolue du roi. Louis XIII, en effet, avait tenté d'interdire cette vieille coutume censée régler les cas d'honneur bafoué ; tout comme don Fernand, il aurait pu déclarer : «Cette vieille coutume en ces lieux établie, / Sous couleur de punir un injuste attentat, / Des meilleurs combattants affaiblit un État» (v. 1406-1408). Le roi finit par accepter un duel entre don Rodrigue et don Sanche, mais avec une grande réticence.

Le pouvoir du roi se substitue presque au pouvoir divin dans la dernière scène de la pièce : c'est en effet à un représentant de Dieu seul qu'appartient le pouvoir de marier les êtres humains. En ordonnant le mariage, don Fernand affirme donc que son pouvoir lui vient de Dieu, c'est-à-dire qu'il exerce une monarchie de droit divin.

L'ÉVOLUTION DE LA LANGUE ET DE LA LITTÉRATURE AU XVIIᵉ SIÈCLE

Le classicisme s'est formé progressivement au cours du XVIIᵉ siècle, et l'on considère généralement les années 1660 à 1680 ou 1685 comme celles où il atteignit son expression la plus pure.

Sur le plan littéraire et artistique, on observe d'abord pendant vingt ans (1610-1630) une tendance à l'excès dans l'art, oscillant entre préciosité et burlesque, entre réalisme et fantaisie ; on qualifie les œuvres de cette époque de **baroques**, en raison de l'absence de règles (irrégularité) et du fait que les artistes explorent des idées ou des tendances extrêmes. En fait, le baroque, né au XVIᵉ siècle, constitue la norme au début du XVIIᵉ. Mais, dès la fondation de l'Académie française en 1635, et même avant, avec l'avènement des salons, vers 1628, on commence à discuter des règles artistiques, d'une codification du beau ; on qualifie de **préclassiques** ces années de discussion, de débat, entre 1630 et 1660, où le baroque s'assagit et où s'élabore la doctrine classique. Évidemment, ces dates n'ont rien d'absolu, car des œuvres classiques ont vu le jour avant 1660 ; en outre, des œuvres d'inspiration baroque ont été publiées après 1630, et même après 1660. Si l'on admet d'emblée que le classicisme a triomphé entre 1660 et 1680, il ne faut pas croire qu'il a dominé de façon absolue. Enfin, après 1680, on commence à remettre en question les dogmes classiques, et même à l'Académie, bastion du conformisme, des voix discordantes se font entendre ; la **querelle des Anciens et des Modernes** démantèlera les unes après les autres toutes les certitudes classiques et débouchera sur une nouvelle période de liberté pour les artistes.

Les manuels classent habituellement *Le Cid* comme une œuvre préclassique, car elle n'est pas entièrement conforme aux règles. Corneille admet lui-même que *Le Cid* est « celui de tous [ses] ouvrages réguliers où [il s'est] permis le plus de licence »[1]. En termes clairs, il n'a pas respecté toutes les règles. Cependant, on peut affirmer que cette œuvre a joué un rôle primordial dans les discussions qui ont mené à l'établissement des règles classiques, comme en fait foi la fameuse querelle du *Cid*. L'Académie française elle-même se mêle au

---

1. Corneille, « Examen du *Cid* », 1660.

débat passionné que la pièce suscite ; ses commentaires et les réponses de Corneille contribueront à l'élaboration du classicisme, qu'a si admirablement décrit Boileau en 1674. Nous en reparlerons plus loin.

Les salons et l'Académie française

La création de l'Académie française, dont on connaît le rôle dans l'uniformisation de la langue, contribua aussi à une codification de l'art littéraire qui avait été amorcée dans les salons. Ces derniers étaient des lieux de discussion où s'élaborèrent progressivement les diverses théories littéraires et artistiques du xviie siècle. Les plus célèbres salons accueillaient des gens de la noblesse, de la haute bourgeoisie, mais surtout des esprits cultivés qui échangeaient sur tous les sujets concernant le goût, de la mode à l'architecture, de la peinture à la musique, sans oublier bien sûr la langue et la littérature.

En créant en 1635 l'Académie française, composée de quarante personnalités importantes du domaine linguistique et littéraire, Louis XIII et surtout son successeur, Louis XIV, s'assuraient en quelque sorte la maîtrise de ce secteur d'activité. D'autres institutions verront le jour en ce siècle : l'Académie des inscriptions et des belles-lettres (qui s'occupe de langues anciennes, d'archéologie et d'histoire) ainsi que l'Académie des sciences (physique, astronomie, chimie, etc.), toutes deux fondées en 1666. Ces institutions présentent l'avantage d'avoir permis l'émergence de ce que nous appelons aujourd'hui une « masse critique », c'est-à-dire la réunion d'un nombre suffisant de cerveaux pour que se prennent d'importantes décisions, pour que se standardisent des systèmes ou pour que circulent des idées qui autrement seraient restées lettres mortes. Ce sont en bonne partie elles, ainsi que le climat et l'état d'esprit qui les sous-tendent, qui ont favorisé l'éclosion progressive du classicisme dans le domaine des arts et la codification de la langue française en soulevant des questions et en stimulant l'échange de points de vue.

Aussi est-il de toute première importance de connaître les particularités langagières et stylistiques afin d'effectuer une lecture adéquate des principales œuvres du xviie siècle. C'est en effet en ce siècle que se fixe la langue française, aussi bien dans sa forme orale qu'écrite. On peut affirmer qu'à la fin du règne de Louis XIV (1715), le français a presque

LES ACADÉMICIENS DEVANT LE ROI.
FRONTISPICE DE LA PREMIÈRE ÉDITION
DU *DICTIONNAIRE DE L'ACADÉMIE* (1694).
JEAN MARIETTE (1660-1742), D'APRÈS J.-B. CORNEILLE (1649-1695).

atteint sa maturité et qu'il évoluera relativement peu jusqu'à nos jours; bien sûr, le vocabulaire s'enrichira, mais la syntaxe et l'orthographe de même que les règles morpholexicales[1] sont à peu près arrêtées.

L'état de la langue, la langue de l'État ou comment le français est devenu la langue nationale

Il faut d'abord préciser que le français n'est pas la langue de l'ensemble de la population à cette époque, loin de là; il est avant tout la langue de l'Île-de-France, c'est-à-dire de la région parisienne, donc la langue parlée à la cour. Dans le reste de la France, le peuple, peu scolarisé, parle une foule de dialectes et de patois plus ou moins proches du français, dont on retrouve encore des traces dans les accents régionaux ou dans les langues et dialectes survivants (breton, occitan, par exemple). Si de nombreux facteurs ont contribué à faire du français la langue nationale, deux semblent primordiaux: la fondation de l'Académie française en 1635 et le rassemblement de la noblesse à la cour de Versailles sous Louis XIV.

Fait curieux, en Nouvelle-France, le français est, beaucoup plus tôt qu'en France, la langue de communication de l'ensemble de la population. Les colons provenaient de diverses régions de la France (Normandie, Picardie, Bretagne, etc.) et ils s'exprimaient dans des dialectes distincts. On se rendit compte très tôt que, pour se comprendre, il fallait une langue commune. En France, les dialectes occupaient des territoires définis, de sorte qu'il n'y avait pas, ou peu, de concurrence entre eux; en Nouvelle-France, les colons de différentes régions devaient cohabiter: c'est pourquoi ils se mirent tôt à employer le français pour se comprendre. Deux facteurs ont contribué à la quasi-disparition des dialectes en Nouvelle-France: la création d'un réseau d'écoles (dont la fréquentation était obligatoire) où la langue enseignée était le français; et l'arrivée des filles du roi, qui avaient reçu leur instruction en français, donc qui enseignaient cette langue à leurs enfants. La « langue du roi » était la même ici que dans la mère patrie,

---

1. Règles concernant la formation des mots, l'emploi des préfixes et des suffixes, la régularité des racines et des familles de mots, etc. On systématise, par exemple, les terminaisons des verbes: ainsi, pour les trois personnes du singulier de l'imparfait, les terminaisons – ois, – ois, – oit deviendront – ais, – ais, – ait dans la langue moderne.

d'une qualité égale sinon supérieure à celle employée dans la région de Paris selon les témoignages de plusieurs voyageurs[1].

En France par ailleurs, l'autorité royale, devenant de mieux en mieux affermie au cours des siècles, atteint un sommet au siècle classique ; la paix et l'unité du royaume étant assurées, on verra un remarquable épanouissement de la connaissance, de la culture, des arts et des sciences. La centralisation et l'uniformisation politiques auront donc un écho dans ces domaines : le gouvernement royal cherchera à consolider son rayonnement en utilisant les arts et la langue comme symboles du pouvoir. L'impulsion n'est pas donnée par le roi seul, évidemment ; disons que l'idée était dans l'air, puisque toute la noblesse ainsi que l'administration participeront à cet effort d'où naîtra l'idée que la langue française est la plus belle, la plus raffinée. Avec le recul historique, on n'y voit qu'une idée bien prétentieuse, mais cette prétention servira parfois d'argument pour faire progresser le français à l'intérieur même du royaume.

Ce qui se passe en fait, c'est que l'administration, la justice, la législation, l'instruction scolaire, etc. se font désormais en français, et non plus en latin ou dans les dialectes locaux ; ce n'est pas tant que le roi cherche à dominer la langue, mais plutôt qu'il se sert de *sa* langue comme instrument de pouvoir. En fondant l'Académie française, il donne l'impulsion qui permettra la diffusion du français. Le premier tome du dictionnaire de l'Académie paraîtra en 1694, mais il aura été précédé du dictionnaire de Richelet en 1680 et de celui de Furetière en 1690, sans compter ceux de Bayle (1695-1697) et de Moreri (1674) ; la première grammaire française, celle de Vaugelas, paraît en 1647. Les autres dialectes du royaume ne disposent pas d'outils de diffusion aussi puissants !

Le rôle de la noblesse dans la diffusion du français

La noblesse aussi participe au rayonnement du français. Les comtes, ducs, marquis et autres seigneurs de la hiérarchie du royaume

---

1. Rapporté par Jacques Leclerc, dans *Langue et société*, Laval, Mondia éditeurs, 1986, p. 433. Selon Leclerc, les témoignages du père Chrestien Le Clerq, du père Charlevoix, de Pierre Kalm, de Jean-Baptiste d'Aleyrac et du marquis de Montcalm sont unanimes sur la qualité générale de la langue en usage en Nouvelle-France.

sont en fait les administrateurs mandatés par le roi des territoires qui composent le pays. Si ces nobles avaient toute liberté sur leurs terres autrefois, ils se voient contraints au fil des siècles de se rapporter au roi. Sous Louis XIV, ils sont légion à se rendre à la cour, et même à vivre dans le célèbre château de Versailles ; là, le roi peut les surveiller et prévenir les révoltes. Ce regroupement aura un effet secondaire plus ou moins espéré : pour communiquer avec le roi, il faut parler la langue du roi et respecter un code — linguistique, vestimentaire, protocolaire, etc. —, celui du roi.

Les aristocrates ainsi que les lettrés et les clercs à leur service « importeront » donc le français dans toutes les régions du pays. Ce mouvement ne se fera pas sur une période de quelques années, mais plutôt sur des décennies, des siècles. Disons que le procédé atteignit l'efficacité optimale au siècle de Louis XIV, bien qu'il ait continué et se soit accru dans les époques suivantes.

Corneille représente un cas semblable à bien d'autres. Né à Rouen, dans le nord de la France, où il vivra jusqu'en 1662, l'avocat Corneille doit exercer son métier dans la langue du roi ; il lui faut en effet parler le français, non le patois normand, pour siéger. Il l'apprendra à l'école et, probablement, par son père, avocat lui aussi. Cependant, à Paris, on dit de lui qu'il est un homme secret, taciturne ; peut-être avait-il une personnalité effacée, peu portée à occuper le devant de la scène ; peut-être aussi son aspect et son accent provincial le faisaient-ils remarquer dans les conversations de salon. Toutefois, pour lui, comme pour beaucoup d'autres, la « propagande » royale en faveur du français avait été efficace.

Le rôle des femmes dans la diffusion du français et de la théorie classique

Les nobles, et tout particulièrement les femmes nobles, ont durant tout le siècle manifesté pour la langue et la littérature un intérêt passionné. Le phénomène des salons en est une preuve éclatante. Plusieurs tiennent en effet, dans leur maison parisienne, des rencontres où l'on discute abondamment de tous les sujets à la mode, l'amour, la psychologie, la langue, entre autres ; parmi ces nombreux salons, on retiendra surtout ceux tenus par la marquise de Rambouillet et par Mlle de Scudéry. Les meilleurs esprits de la société mondaine participent à ces discussions d'où naîtront les idées de perfection et de bon goût en matière littéraire et linguistique. On tente d'y converser avec justesse et correction dans une langue pure et distinguée, ce qui se reflétera dans les œuvres littéraires produites.

Portée à son comble, cette tendance donnera naissance à la **préciosité**, une façon affectée de s'exprimer de manière distinctive ; les précieux et précieuses veulent s'exprimer dans une langue plus que soignée, une langue qui les distingue du peuple et des gens ordinaires par des formules brillantes et des traits d'esprit éblouissants. Ils bannissent donc de leur langage tout mot, toute expression vulgaire et inventent des tours, des figures de style (métaphore, périphrase, etc.) qui marquent leur rang. Les salons n'étaient pas ouverts aux seuls nobles : tout savant, tout érudit, tout « honnête homme » qui maîtrisait l'art de la conversation ou dont l'œuvre présentait un intérêt pouvait être invité.

Parce que ce sont des femmes qui ont insufflé aux salons leur dynamisme, on peut presque parler d'un mouvement féministe qui influença le siècle entier. Écartées du pouvoir temporel, elles embrassent la culture, la langue et la littérature et se garantissent une quasi-mainmise sur ces domaines. C'est probablement pour cette raison que les termes techniques précis (ceux de la guerre, de l'industrie, etc., domaines essentiellement masculins) sont bannis du langage précieux et, par ricochet, de la langue littéraire classique. On observera, à l'opposé, la richesse et la variété de la langue amoureuse et psychologique.

Le rayonnement du français classique

Tous ces phénomènes contribueront à faire peu à peu de la langue française une langue savante, noble et pure, par opposition aux langues populaires, jugées vulgaires. Elle deviendra une sorte de modèle pour les autres royaumes européens, à un point tel que les auteurs français seront partout reçus avec enthousiasme ; ce fut le cas notamment de Descartes en Suède. Au siècle suivant, Voltaire voyagea en Angleterre et en Prusse, entre autres, discutant avec ses hôtes en français et faisant paraître certaines de ses œuvres dans ces pays. En outre, le français devient la langue seconde de nombreuses personnes qui l'emploient en Europe ; ainsi le grand musicien Jean-Sébastien Bach dédia son *Offrande musicale* à Frédéric II, roi de Prusse, en lui adressant son message en français, et non en allemand, leur langue à tous deux. C'est que parler français est un signe de culture, d'érudition.

Le rayonnement de la France au XVIIᵉ siècle

Le rayonnement de la langue française n'est en fait que le reflet du rayonnement du pays lui-même sur le plan militaire et diplomatique. L'avènement au trône du roi Henri IV (1589) a amené la paix dans le royaume ; son mariage avec Marie de Médicis (1600) y a favorisé la prospérité et la stabilité. Sous Louis XIII et Louis XIV, la France dominera progressivement la scène européenne, sinon la scène mondiale. Il ne faut pas oublier que la France établit des colonies et des comptoirs commerciaux un peu partout sur la planète : Amérique du Nord, Antilles, Afrique, Inde. Sa flotte militaire et marchande sillonne les mers du monde et rivalise largement avec celle de l'Angleterre.

Si les musulmans menacent l'est de l'Europe jusqu'en 1683 (dernier siège de Vienne par les Ottomans), cela n'est pas pour déplaire à la France : pendant que ses rivaux à l'est sont occupés à combattre les Turcs, la France peut occuper le terrain militaire et diplomatique à l'ouest. « Diviser pour régner », comme dit le proverbe ! Par ailleurs, la France entretient des relations diplomatiques plutôt cordiales avec l'Empire ottoman : on y reçoit les ambassadeurs turcs et elle envoie des délégations à Istanbul. Cette ville est après tout un puissant symbole : jusqu'en 1453, elle s'appelait Constantinople, capitale de l'Empire romain d'Orient. Il n'est sans doute pas anodin de voir apparaître une sorte d'engouement pour les arts et la culture du Moyen-Orient. Cette mode des « turqueries », que l'on vit ressurgir à l'occasion tout au cours du siècle dans diverses productions artistiques, permettait d'inclure des ballets ou des scènes censées représenter l'art oriental. Par exemple, Molière en ajouta à certaines de ses comédies, notamment *Le Bourgeois gentilhomme* ; Racine donna la tragédie *Bajazet,* fondée sur une intrigue de cour qui lui fut rapportée par un diplomate français en poste en Turquie.

Les idées au siècle classique : vers l'« honnête homme »

LE RÔLE DE LA SCIENCE

Le domaine des idées et de la connaissance fait au XVIIe siècle un pas de géant ; la fin du Moyen Âge et la Renaissance ont vu l'apparition de l'imprimerie, les premiers pas de la chimie et de l'astronomie modernes, la naissance d'un système mathématique cohérent, la mise en doute progressive des conceptions d'Hippocrate (IVe siècle av. J.-C.) et de Galien (Ier siècle ap. J.-C.) sur l'anatomie et la médecine, etc. et surtout la « redécouverte » de la culture antique romaine et grecque.

D'énormes progrès seront encore réalisés dans ces domaines au siècle de Louis XIII et de Louis XIV, mais c'est la remise en question des dogmes, des idées reçues, des croyances populaires et des superstitions qui favorisera l'essor des idées et de la science. On voudra soumettre toutes ces préconceptions à l'épreuve de l'observation et de l'expérimentation. L'affaire Galilée (1564-1642) est à cet égard tout à fait révélatrice. À l'instar de Copernic (1473-1543, dont l'œuvre publiée l'année de sa mort fut mise à l'Index[1]), il affirmait que le Soleil et non la Terre était au centre de notre système planétaire, et que c'était bien notre planète qui se déplaçait autour du Soleil, et non le contraire. Il fondait ses affirmations sur les observations réalisées grâce à la lunette astronomique qu'il avait mise au point. Il dut se défendre devant le tribunal de l'Inquisition[2] ; sa conception en effet semblait contredire certains passages bibliques, en particulier celui où Josué commande au Soleil d'arrêter sa course. La parole divine ne pouvait être fautive ! Forcé en 1633 d'abjurer ses théories, Galilée ne publia plus jamais sur ce sujet. Il ne fut d'ailleurs réhabilité par l'Église qu'en 1992 !

Mais on ne pouvait arrêter la marche de la connaissance, surtout en raison du fait que celle-ci se propageait désormais grâce à l'imprimerie. D'autre part, comme l'Église de Rome ne détenait plus le

---

1. Répertoire des œuvres dont la lecture était interdite aux catholiques pour des raisons religieuses ou morales. Mettre un livre à l'Index, c'est donc en assurer le boycottage. Commencé au XVIe siècle, ce catalogue n'a plus force de loi depuis 1966.
2. Tribunal religieux chargé de lutter contre l'hérésie, c'est-à-dire toute idée contraire au dogme catholique.

monopole religieux [1], la science poursuivait son épanouissement en toute liberté dans les pays protestants ; enfin, de l'intérieur même du catholicisme, on contestait l'autorité inquisitoriale en ces matières. Si l'Inquisition fut interdite en France dès 1560, ce qui peut-être a enhardi les esprits libertins et a favorisé l'éclosion des idées, dans les autres pays catholiques, elle ne perdit toute influence qu'au cours du XVIIIe siècle, et ne fut abolie officiellement qu'en 1820.

Somme toute, à la fin du XVIIe siècle, la vérité scientifique ne sera plus objet de controverse ; la publication en 1687 des *Principia* (*Principes mathématiques de philosophie naturelle*) de Newton (1642-1727) le prouve. Cet ouvrage, préfigurant la science moderne, avait pu voir le jour grâce aux travaux de nombreux prédécesseurs (comme le Français Descartes) et contemporains (comme l'Allemand Leibnitz). Les savants, conscients des répercussions de leurs découvertes sur le monde, étaient souvent des penseurs et des philosophes, ce qui était tout à fait conforme à la conception de la société dans laquelle ils vivaient : on ne voyait en effet pas de frontière entre les domaines de la connaissance, entre art et science, entre science exacte et réflexion philosophique. À la fois écrivains et philosophes, ils ont eu leur rôle à jouer dans la définition du concept d'« honnête homme ».

L'« HONNÊTE HOMME »

Dans une société aussi cultivée, aussi distinguée et soucieuse de son image que l'était celle du temps de Corneille, les « honnêtes gens » sont courtisans sans être flatteurs, maîtrisent l'art de la conversation, se comportent en société avec élégance et raffinement, mais sans ostentation ni affectation, savent faire preuve de bravoure autant que de compassion, témoignent d'élégance aussi bien dans leur tenue vestimentaire et leurs comportements (signes extérieurs) que dans leurs idées et leur sens moral ; bref, des gens réfléchis, mesurés, raisonnables et qui jamais ne font étalage de leur « moi ». Réflexion, mesure et raison sont d'ailleurs les mots d'ordre du classicisme. On se souviendra des propos de Descartes sur la modération dans son célèbre *Discours de la méthode,* ouvrage philosophique qui constitue l'un des

---

1. Voir « La question religieuse » à la page 115.

PORTRAIT D'ISAAC NEWTON (1642-1727).
ENOCH SEEMAN (1694-1744).

fondements de la doctrine classique. Il y fait valoir que les excès sont mauvais : « [Je voulais], retenant constamment la religion en laquelle Dieu m'a fait la grâce d'être instruit dès mon enfance, me [gouverner] en toute chose suivant les opinions les plus modérées et les plus éloignées de l'excès. [...] Et entre plusieurs opinions également reçues, je ne choisissais que les plus modérées : tant à cause que ce sont toujours les plus commodes pour la pratique et vraisemblablement les meilleures, tout excès ayant coutume d'être mauvais. » Les « honnêtes gens » sauront se montrer réservés et sages : le savant et le lettré s'adresseront à leurs hôtes dans une langue claire et soignée, sans faire un étalage ostentatoire de leur savoir, le militaire réprimera la rudesse et le langage épicé de la caserne et du champ de bataille, le noble refoulera toute arrogance, tout comportement hautain devant des subalternes, etc. Noble ou roturier, on ne peut devenir « honnête homme » que grâce à son mérite personnel.

L'« HONNÊTE HOMME » DANS *LE CID*

Tous les personnages du *Cid* s'efforcent d'atteindre cette « honnêteté », sauf peut-être le Comte qui, comme on l'a vu plus haut, fait preuve d'une arrogance qui déjà le condamne. Auprès des autres, il fait plus figure de héros baroque, d'homme du passé, que d'« honnête homme » classique. Tout d'abord, ses nombreux exploits le placent hors du commun ; le problème est qu'il s'en enorgueillit, allant même jusqu'à défier les ordres de son souverain. Tout aussi grave est l'offense à don Diègue ; le vieil homme attire la sympathie du public lorsqu'il reçoit un soufflet du présomptueux Comte. Son orgueil malséant, sa relative jeunesse devant son rival contrastent avec le stoïcisme et le fier courage du vieil homme. Aussi sa mort, bien qu'il soit Grand du royaume, n'est-elle pas présentée comme un crime, sauf bien sûr par sa fille, mais bien comme un acte de justice, ce qui ne ternit en rien la réputation de son meurtrier, don Rodrigue.

Les autres personnages jouent leur rôle, si l'on peut dire, d'« honnêtes gens » à la perfection, au détriment même de leurs propres intérêts. Le roi, don Fernand, agit comme doit agir un roi avec autorité quand il le faut, avec sagesse et bonté pour préserver l'honneur et la sensibilité de chacun. Don Rodrigue et Chimène œuvrent l'un contre l'autre en dépit de leur amour; c'est au terme d'une lutte acharnée contre leur passion mutuelle qu'ils accomplissent leur devoir, qu'ils transcendent leur condition de personnes ordinaires pour véritablement devenir des héros « honnêtes ». Jamais ils ne laissent leur amour les empêcher d'accomplir leur devoir. Et c'est en cela que les héros de Corneille sont des êtres d'exception : leur abnégation est plus importante que toutes leurs victoires, leur plus grande victoire étant sur eux-mêmes. Dans les moments les plus émouvants, ni Chimène ni Rodrigue ne perd de vue son statut, son honneur, son image publique. Même combat chez l'Infante, la fille du roi : amoureuse de qui elle ne doit pas, elle cède sa place à une autre; sa gloire, bien sûr, l'empêche d'agir en roturière, et sa victoire sur elle-même en fait une héroïne parfaitement « honnête ».

Et si la mort est leur seule issue, tous l'affronteront avec dignité : don Diègue dégaine son épée, malgré qu'il sache son rival plus jeune et plus fort; don Rodrigue vient offrir son corps à la fureur de Chimène, qui évidemment refuse de s'abaisser au meurtre, même par vengeance; oubliant ses problèmes personnels, le même Rodrigue se lance à la défense du royaume au péril de sa vie; don Sanche devient le champion de Chimène dans un duel qui l'opposera au héros le plus puissant de l'heure, à celui qui vient de vaincre les Maures, et passe donc pour quasi invincible; Chimène elle-même se dit prête à mettre un terme à ses jours au moment même où elle apprendra la mort de son amant... Cet esprit de sacrifice les transfigure : ce ne sont plus de simples humains, victorieux qu'ils sont de leurs passions triviales, ce sont des modèles, des exemples, des archétypes d'« honnêteté ».

Le déclin des idées classiques

Le classicisme ne pouvait durer toujours. Corneille, en fait, n'en vécut jamais le déclin. Celui qui réclamait un peu de souplesse à une époque où il ne pouvait y avoir qu'un seul chemin a bien dû être une source d'inspiration pour les Modernes qui, vers la fin de sa vie, s'engageaient déjà dans une contestation de la rigidité des Anciens.

Est-ce parce que le public commençait à être las de la régularité classique que les auteurs et artistes se sont lancés sur de nouvelles pistes, dirigés vers de nouveaux champs d'exploration ? Ou encore parce que la misère économique et sociale des dernières années du règne du Roi-Soleil, jumelée à des défaites militaires et politiques cuisantes, a forcé la réflexion sur les conditions du moment plutôt que sur les grandes considérations abstraites abordées dans les œuvres classiques ? Avait-on atteint un point de saturation qui faisait du classicisme un mouvement simplement passé de mode ? Toujours est-il que la doctrine classique fut remise en question, exactement comme elle avait été le résultat d'une remise en question plus tôt au cours du siècle. De même, on peut dire que, durant les dernières années de son règne, on toléra le roi plus qu'on ne le soutint.

On pourrait voir plus qu'une coïncidence historique dans le fait qu'au déclin du règne de Louis XIV corresponde le déclin des idées classiques. Vers 1680, ceux qui prendront le titre de Modernes commencent à mettre en doute les dogmes du classicisme ; à l'Académie même, en 1687, Charles Perrault proclame que ses contemporains ont non seulement égalé les Anciens, mais qu'ils les ont surclassés : « Ils sont grands, il est vrai, mais hommes comme nous », déclare-t-il. C'était une manière de dire qu'il était inutile de continuer à s'inspirer des Anciens, puisqu'ils avaient été dépassés ; l'un des dogmes essentiels étant contesté, les autres le seront peu après. S'ensuit une bataille littéraire que l'on baptisa **querelle des Anciens et des Modernes**, querelle qui ne prit pas fin avant 1697 selon certains, 1715 selon d'autres.

Cette querelle dépasse le simple domaine littéraire : la science y a joué un rôle considérable. On constate en effet que la science, au siècle de Louis XIV, s'est affranchie de l'autorité des Anciens en mathématiques, en médecine, en astronomie, en physique, bref dans toutes les sciences de la nature. Les savants ont mis à l'épreuve les « certitudes » héritées de l'Antiquité en appliquant la méthode scientifique mise au point par Descartes et adaptée à toutes les sciences ; la mise en doute des principes stricts a permis de nombreuses découvertes scientifiques, les moindres n'étant pas celles de Newton[1], que certains voient comme

---

1. Sans amoindrir son génie, c'est grâce aux découvertes faites par ses prédécesseurs qu'il a pu aller si loin. Comme preuve du bond scientifique effectué au XVIIᵉ siècle, on peut parler de l'exploration de l'infiniment grand et de l'infiniment petit, rendue possible par l'invention du télescope et du microscope. De même, la machine à calculer de Pascal est un lointain ancêtre de nos ordinateurs.

CHARLES PERRAULT (1628-1703).
ÉTIENNE BAUDET, D'APRÈS CHARLES LE BRUN (1619-1690).

le savant le plus important de son temps, qui serait à un point nodal l'instigateur et l'inspirateur de toute la science moderne. Naît alors l'idée de progrès, qui permettra le formidable bond en avant que la science a accompli au cours des trois cents dernières années.

Les artistes et écrivains revendiquent à juste titre de s'affranchir eux aussi des préceptes promulgués et suivis aveuglément ; ils demandent à ce que ceux-ci soient soumis à l'épreuve de la raison. Le signe le plus évident de la victoire des Modernes sera l'apparition de véritables personnages contemporains dans les œuvres littéraires, plutôt que la présence de « types » repris de l'Antiquité ou de l'Histoire ; bien sûr, on en avait vu dans les comédies et les romans, mais peu dans les autres genres, et pas du tout dans les tragédies. De plus en plus, romans, poèmes et pièces de théâtre présenteront des personnages inspirés du présent et ayant des préoccupations contemporaines. Les principales œuvres de la fin du xviie siècle et du xviiie siècle illustrent bien ce fait : les *Entretiens* de Fontenelle, le *Candide* de Voltaire, le *Figaro* de Beaumarchais ou *Jacques le fataliste* de Diderot découlent de ce souci de parler des sujets actuels. Perrault lui-même recueillera les idées de ses *Contes* chez ses contemporains ; pour lui, l'art, comme la science, doit progresser, s'appuyer sur ce qui est pour foncer vers l'inconnu. En ce sens, les Modernes ont permis à l'éventail de toutes les tendances de s'exprimer dans les siècles qui suivirent.

À la mort de Louis XIV, le classicisme est moribond ; on voit bien encore certaines œuvres rigides et formalistes d'inspiration classique, mais c'est désormais le règne de l'individu qui point. L'autorité est contestée, tant sur les plans littéraire et artistique que politique et philosophique. Dès la régence de Philippe d'Orléans (1715-1723), on sent souffler sur la France un vent de liberté : ce besoin d'affranchissement atteint son paroxysme lors de la révolution de 1789. L'absolutisme a fait son temps, la démocratie réclamera bientôt ses droits. Le classicisme est passé, l'avenir appartient à ceux qui parlent au présent. Cependant, entre la Renaissance et la société nouvelle qui déjà se dessine et prendra naissance au siècle des Lumières, il y a eu un âge d'or, celui du Roi-Soleil et de l'art classique, où Corneille a joué un rôle de premier plan.

MAISON NATALE DE PIERRE CORNEILLE,
RUE DE LA PIE À ROUEN (1850).
HUBERT CLERGET (1818-1899), D'APRÈS BEAUNIS ET DUMÉE.

CORNEILLE ET SON ŒUVRE

Plusieurs voient en Corneille le plus grand auteur dramatique du XVIIe siècle. Il est en effet le plus prolifique, avec plus de trente pièces de tous les genres : comédie, comédie héroïque (genre qu'il a « inventé »), tragédie-ballet, tragi-comédie et tragédie proprement dite. La plus grande partie de sa carrière d'auteur, il l'a exercée en même temps qu'une charge d'avocat du roi à Rouen, allant même jusqu'à présenter parfois deux pièces par an ; sans compter qu'à partir de 1647-1648, il a siégé à l'Académie française. Son œuvre comprend en outre des critiques sur ses pièces et le théâtre en général (*Examens* et *Discours*), la traduction d'œuvres religieuses et une multitude de poèmes de circonstance. En somme, il apparaît comme le véritable fondateur du théâtre français. Il y a le théâtre **avant** et **après** Corneille : avant lui, on assistait à des représentations plus ou moins unifiées, presque à des saynètes réunies pour former un spectacle de bonne longueur ; après lui, les genres sont définis, régis par un système de règles qu'on voit de nos jours comme un carcan rigide. Il est difficile de dresser le portrait des artistes de cette période ; ce l'est encore plus pour cet homme discret, voire secret. On connaît la vie publique, mais très peu la vie intime, la réflexion personnelle de cet auteur monumental.

La jeunesse

Rouen est une ville située dans la province de Normandie, au nord de la France. De ce port important situé à l'em-bouchure de la Seine, près de la Manche, un voyage d'un peu plus de cent kilomètres mène à Paris. La Normandie, rappelons-le, est le lieu d'origine de nombreux colons qui vinrent s'établir le long du Saint-Laurent ; on y parle encore aujourd'hui un français aux accents assez semblables à ceux des Québécois. C'est là qu'est né en 1606 Pierre Corneille.

Comme son père, avocat, en avait les moyens, il poursuivit des études au collège des jésuites de sa ville natale. On le considérait comme un élève brillant. Quand vint le temps de choisir une carrière, il embrassa naturellement celle de son père et devint avocat en 1624. D'abord stagiaire, il acheta en 1628 une charge qui lui permettait de siéger à la Table de Marbre du palais de Rouen. À cette époque, il fallait acheter un poste pour le service de l'État; c'était une forme d'impôt. Il conservera ce poste jusqu'en 1650, moment où on lui en offrira un plus intéressant. Mal lui en prit! Après avoir vendu sa propre charge, ses projets d'avancement ne se concrétisèrent pas.

Mais le jeune Corneille, timide et réservé, préfère la poésie et le théâtre au lourd devoir de la jurisprudence. Tout en continuant de siéger, il écrit sa première pièce, une comédie intitulée *Mélite*, probablement présentée au public rouennais en 1625, mais jouée à Paris uniquement en 1628 ou 1629. Persuadé de son talent par le succès appréciable de sa première pièce, il se lance avec méthode dans l'écriture dramatique.

Le succès : une carrière en dents de scie

Le succès va grandissant, la production est abondante, plus d'une pièce par année! Il écrit et fait jouer pas moins de cinq comédies entre 1629 et 1637 : *La Veuve, La Galerie du Palais, La Suivante, La Place royale* et *L'Illusion comique*. Il écrit également des divertissements et collabore à la rédaction d'au moins deux pièces pour le cardinal de Richelieu. Comme si ce n'était pas suffisant, il s'adonne à la tragi-comédie et à la tragédie : *Clitandre, Médée* et surtout *Le Cid*. Cette dernière fait date, car Corneille passe à l'histoire comme l'auteur du *Cid*.

Le triomphe précède de peu une attaque équivalente. Corneille a-t-il été téméraire en affirmant ne devoir son succès à personne d'autre qu'à lui-même et à son talent? Le cardinal de Richelieu cherche-t-il vengeance d'une conspiration montée contre lui par l'ancien protecteur de Corneille? Jalousait-on à ce point le succès du jeune provincial? Le timide rouennais doit prendre la défense de sa pièce. On l'accuse d'avoir plagié un auteur espagnol, de ne pas avoir respecté les règles de la tragédie régulière. L'affaire fait tellement de bruit que Richelieu confie à la toute nouvelle Académie française, fondée en 1635, le soin de trancher. Fin 1637, début 1638, sous la plume de Chapelain, un auteur et académicien, paraissent les *Sentiments de l'Académie sur* le Cid. Le jeune auteur — à peine trente ans! — semble dévasté : il ne reviendra au théâtre qu'en 1640, après avoir digéré la critique — la seule dans toute l'histoire de l'Académie — et réfléchi aux règles classiques, qui sont en élaboration. Toute sa vie, il participera à la définition du classicisme.

En 1640, deuxième souffle. Jusqu'en 1651, il donnera dix tragédies et trois comédies, parmi lesquelles *Horace, Polyeucte, Le Menteur* et *La Suite du menteur.* Encore une fois, plus d'une pièce par an. Les succès engendrent l'adulation… jusqu'en 1651. *Pertharite* connut un échec fracassant, pas tant à cause du sujet qu'à cause des événements politiques. La pièce précédente, *Nicomède*, après avoir connu un succès retentissant, est perçue *a posteriori,* au cours de la Fronde, comme un éloge du Grand Condé. Depuis 1648, les parlementaires tentent d'adoucir l'absolutisme royal ; une bonne partie de la noblesse se joint à eux, dont le prince de Condé. Le jeune Louis XIV, qui règne depuis 1643 sous la régence de sa mère, doit fuir et guerroyer contre ses propres sujets. La France risque une guerre civile généralisée. Quand les troupes royales entrent dans Paris en 1652, la Fronde est terminée, non sans conséquences pour Corneille. Son protecteur d'alors, le ministre Mazarin, a dû fuir et ne lui verse plus sa pension. En outre, après avoir vendu sa charge d'avocat à Rouen sur des promesses d'une charge plus importante, il se trouve sans emploi. Intervention personnelle de Louis XIV ? Certains historiens le pensent. Le roi serait intervenu pour punir le partisan de Condé. L'auteur le plus en vue de son temps se voit au bord de la ruine. Ce n'est bien sûr pas la misère : il est toujours à l'Académie, poste où il a été élu en 1647 et qu'il occupe depuis 1648. Mais le cumul des malheurs l'amène de nouveau à se retirer du théâtre jusqu'en 1659.

Commence alors la troisième période de création dramatique, la dernière, qui durera jusqu'en 1674. Il ne faut pas croire qu'un si grand auteur puisse rester oisif. Dans l'intervalle, il commence la traduction de l'*Imitation de Jésus-Christ,* écrite en latin. Outre ses activités à caractère religieux, il amorce une réflexion qui, en 1660, verra son aboutissement dans trois *Discours* faisant le point sur les règles du théâtre. Suit une dernière dizaine de tragédies et une comédie héroïque. Ces années sont surtout marquées par de nouveaux malheurs. D'abord, l'arrestation en 1661 de Fouquet, son protecteur depuis 1658, dont nous avons parlé plus haut, le place de nouveau en situation précaire par rapport à un Louis XIV qui assumera bientôt les pleins pouvoirs ; il ne recevra de pension royale qu'à partir de 1663. Puis, puisqu'il n'a plus de charge

PORTRAIT SUPPOSÉ DE NICOLAS FOUQUET (1615-1680).
SÉBASTIEN BOURDON (1616-1671).

à Rouen, lui et sa famille déménagent à Paris. La révocation, par Louis XIV, de toutes les lettres de noblesses accordées depuis 1630 ainsi que la mort de son fils contribuent probablement à épuiser cet homme déjà vieillissant. Toutefois, l'auteur est doublement blessé par l'arrivée en scène d'un adversaire de taille, un jeune auteur nommé Jean Racine. Depuis 1667, ce dernier a la faveur du public, qui n'accorde plus aux pièces du vieux Corneille qu'un succès d'estime. Le duel culmine en 1670, quand Corneille donne *Tite et Bérénice*, et Racine, *Bérénice* : la victoire du jeune Racine est totale et Corneille se sent de plus en plus écarté de la scène littéraire. Jamais plus il ne renouera avec le succès. Il se retire définitivement en 1674.

La retraite

On ne peut qu'imaginer ce qu'ont été les dix dernières années de la vie de Corneille. Il verra son frère Thomas jouir lui aussi d'un certain succès littéraire. On lui remettra son titre de noblesse retiré quelques années plus tôt ; il se verra « oublié » durant sept ans sur la liste des pensions royales. Il perdra un autre de ses fils à la guerre. Il siégera à l'Académie tant que sa santé le lui permettra, jusqu'en 1683. Mais à quoi pensait le vieil homme marchant seul dans les corridors des palais ou les allées des églises ? Quel bilan faisait-il de sa vie, de son œuvre ? De quoi était-il le plus fier ?

On peut supposer qu'il aimait repenser au jeune homme de vingt-deux ans, instruit et fier, avocat du roi à Rouen. À l'homme de trente-deux ans qui jouit du triomphe du *Cid*. Au combattant qui défend son œuvre avec vivacité contre les détracteurs. Au poète désenchanté se retirant plusieurs fois de la scène littéraire à la suite de critiques et d'échecs, pour mieux y revenir quelques années plus tard. À l'homme mûr et pieux qui, durant ses loisirs, traduit en français des vers latins. À l'académicien soucieux de plaire et, en même temps, de respecter les règles classiques. Qu'a-t-il pensé quand, en 1676, Louis XIV a exigé que l'on joue à Versailles plusieurs de ses pièces ? Était-il satisfait de l'édition complète de ses œuvres en 1682 ? Le vieillard retraité, désabusé peut-être, a su bien garder le secret de son moi profond et complexe. Corneille meurt dans la nuit du 1er octobre 1684, et on lui fait de modestes funérailles privées.

L'ŒUVRE EXPLIQUÉE

Le Cid : œuvre annonciatrice du classicisme

LA TRAGÉDIE

Le lecteur d'aujourd'hui est rarement confronté à la tragédie, genre peu, voire pas du tout, pratiqué après la période classique. Il faudrait se garder de ne voir en celle-ci qu'une « histoire qui se termine mal ». La tragédie classique n'est pas un drame ni le spectacle déchirant du malheur. Si les personnages inspirent au spectateur de la pitié (pathétique), elle est loin du mélodrame où les épisodes déchirants sont soulignés de manière excessive, comme certaines péripéties de films sont illustrées de façon violente par une musique insistante. C'est, bien au contraire, au spectacle de la dignité devant la fatalité d'un inéluctable destin que l'on assiste. La tragédie ne repose pas sur le suspense, l'attente anxieuse du dénouement ; au contraire, le dénouement est connu et vu comme inévitable. La tragédie dépeint la noblesse de personnages hors du commun, donc des rois et reines, des héros, des figures bibliques…, dans l'adversité, personnages considérés comme des idéaux à atteindre ou des modèles à éviter. Par le biais de ces crises au paroxysme de leur déroulement, c'est la condition humaine elle-même qui est dépeinte, et non pas un drame personnel, individuel.

Il faut savoir que la tragédie classique n'est pas née en un seul jour ; des décennies de recherche et de querelles ont été nécessaires pour qu'elle aboutisse au niveau de « perfection » qu'elle atteignit vers 1640. Plusieurs genres ont été en vogue avant la période classique, et même pendant celle-ci : la tragi-comédie, la comédie, la pastorale et les « bergeries », ainsi que tous les genres mixtes. Les théoriciens ont fini par s'entendre au sujet des diverses règles, comme celles des trois unités ou de la bienséance[1], d'autant plus qu'Aristote, un auteur et théoricien de l'Antiquité, défendait à peu près les mêmes préceptes dans sa *Poétique*. Sachant l'admiration que les érudits du XVIIe siècle vouaient

---

1. Voir les pages 151-152.

aux Anciens, on ne s'étonnera pas de voir là un argument définitif en faveur des règles inspirées de la tragédie grecque.

Mais l'une semble avoir joué un rôle déterminant en ce qui a trait aux caractéristiques propres à la tragédie : l'unité de ton, qui exclut tout mélange des genres. Il n'y aura pas d'intermède comique ou plaisant dans la tragédie française, contrairement à la tragédie anglaise de Shakespeare, par exemple. C'était une façon bien particulière de rendre **vraisemblable** le destin effroyable des personnages de tragédie ; en ne dérogeant jamais de la tonalité tragique, l'auteur permet au spectateur de se concentrer uniquement sur la tragédie elle-même, et non sur l'individu qui la subit. La vraisemblance, c'est donc dans *Le Cid* tout ce qui contribue à la tonalité tragique ; rien à voir avec le réalisme, ni même avec l'histoire. Il y a des différences notables entre le personnage historique connu et celui que dépeint Corneille. Bien que Corneille ait avoué ne pas avoir respecté toutes les conditions de la tragédie régulière, il est important de les connaître afin de bien saisir comment il s'en écarte.

Les règles classiques de composition

Nicolas Boileau a clairement codifié, dans son *Art poétique,* les règles qui régissaient la rédaction des divers types d'œuvres littéraires. Ces conventions semblent aujourd'hui très normatives, ayant fait de l'art d'écrire une pratique figée, voire pétrifiante. Les principes de l'art classique s'inspirent de ceux de l'Antiquité (Platon, Aristote, Horace, entre autres). Au XVIIe siècle, une foule d'auteurs écriront leurs préceptes ou leurs conseils aux auteurs, ou encore devront rédiger des préfaces pour défendre leurs œuvres, y expliquant par le biais les fondements de leur art. C'est Boileau qui, en 1674, en fera une synthèse considérée comme la quintessence du classicisme français. L'*Art poétique* donne les conseils suivants, qui constituent l'essentiel de la doctrine classique.

L'IMITATION DES ANCIENS

Les auteurs de l'Antiquité, vénérés parce qu'ils auraient atteint ou avoisiné la perfection de l'art, doivent être imités. L'imitation n'est pas

PORTRAIT DE NICOLAS BOILEAU (1636-1711).
HYACINTHE RIGAUD (1659-1743).

considérée comme un plagiat, mais plutôt comme un hommage. Dans l'extrait suivant, Boileau en nomme deux, Théocrite et Virgile :

> « Suivez [...] Théocrite et Virgile
> Que leurs tendres écrits, par les Grâces dictés,
> Ne quittent point vos mains, jour et nuit feuilletés.
> Seuls, dans leurs doctes vers, ils pourront vous apprendre
> Par quel art, sans bassesse, un auteur peut descendre »
> (*Art poétique*, « Chant II », v. 26-30).

LE RESPECT DES BIENSÉANCES ET DU BON SENS

En toute chose, l'auteur doit respecter le bon goût, les bonnes mœurs : en termes clairs, ne pas choquer son public par des scènes disgracieuses. Cela implique en outre que la morale soit observée, et même que les mots vulgaires ou grossiers soient bannis. De même, les scènes de combat ne sont pas permises ; dans le cas où un combat doit opposer des adversaires, le spectateur se le verra raconté par un témoin.

> « Quelque sujet que l'on traite, ou plaisant, ou sublime
> Que toujours le bon sens s'accorde avec la rime »
> (*Art poétique*, « Chant I », v. 27-28).

> « Ce qu'on ne doit point voir, qu'un récit nous l'expose :
> Les yeux, en le voyant, saisiraient mieux la chose ;
> Mais il est des objets que l'art judicieux
> Doit offrir à l'oreille et reculer des yeux »
> (*Art poétique*, « Chant III », v. 51-54).

> « L'étroite bienséance y veut être gardée »
> (*Art poétique*, « Chant III », v. 123).

PLAIRE ET INSTRUIRE

La règle qui consiste à plaire et à instruire est la conséquence et la suite de la recommandation précédente : tout en respectant les bienséances, l'auteur doit plaire à son public et lui apprendre la dignité et la noblesse dans le comportement. Une bonne partie des œuvres de cette époque a une valeur morale ou des tendances moralisantes ; on n'a qu'à songer aux *Fables* de La Fontaine, aux *Maximes* de La Rochefoucauld ou aux *Contes* de Charles Perrault. Il convient de ne pas oublier l'importance de la question morale au xviie siècle, sujet abordé dans la section consacrée à la question religieuse.

> « Le secret est d'abord de plaire et de toucher :
> Inventez des ressorts qui puissent m'attacher »
> (*Art poétique*, « Chant III », v. 25-26).

> « Et que l'amour, souvent de remords combattu,
> Paraisse une faiblesse et non une vertu »
> (*Art poétique*, « Chant III », v. 101-102).

LA RÈGLE DES TROIS UNITÉS

La règle des trois unités est la plus célèbre d'entre toutes : l'action doit se dérouler en un seul lieu (unité de lieu), en un seul jour, idéalement entre le lever et le coucher du soleil (unité de temps), et s'en tenir à une seule intrigue (unité d'action). En outre, la division de la tragédie en cinq actes est hautement recommandée, voire obligatoire. On peut invoquer la raison, souveraine au xviie siècle, pour justifier ces règles. Il importait aux auteurs classiques d'éviter ce qu'ils considéraient comme les excès ou les invraisemblances des baroques (plusieurs lieux, actions diverses se déroulant en plusieurs jours ou même plusieurs mois). L'action doit se centrer sur l'essentiel, donc le moment du dénouement (unité d'action) ; une action si brève ne peut s'étendre sur une longue période (unité de temps) ni se développer en une multitude d'endroits (unité de lieu), d'où la nécessité de trouver un emplacement où il est possible que tous les personnages se rencontrent. Quant à la division en cinq actes, certains spécialistes ont invoqué une justification toute bête : la durée des chandelles éclairant la scène étant limitée, il fallait que la pièce soit divisée en segments assez courts pour que l'on puisse changer les bougies entre les actes !

« Mais nous, que la raison à ses règles engage,
Nous voulons qu'avec art l'action se ménage ;
Qu'en un seul lieu, qu'en un jour, un seul fait accompli
Tienne jusqu'à la fin le théâtre rempli »
(*Art poétique*, « Chant III », v. 43-46).

L'UNIVERSALITÉ

Une cinquième règle doit être mentionnée : l'universalité. L'auteur classique doit traiter de sujets accessibles à tous, quel que soit leur pays, et quelle que soit l'époque où ils vivent. C'est pourquoi les œuvres classiques ont un tel rayonnement. Elles développent des sujets que tous peuvent comprendre : l'amour, la mort, l'honneur, les travers humains, etc. À cet égard, les personnages de tragédie ne sont pas des « personnes » ou des individus, mais des types humains universels. Le fait qu'ils vivent dans l'Antiquité ou dans une époque antérieure renforce leur universalité ainsi que l'idée que les caractères dépeints sont de tous temps et de tous lieux. Et si certains se sont sentis visés, attaqués par la description ou le portrait de tel personnage, cela n'était pas l'intention de l'auteur… du moins officiellement.

Le rapport entre l'histoire et la pièce

Le sujet du *Cid* n'est pas tout droit sorti de l'imagination de Corneille : il s'est inspiré d'un véritable personnage historique, sur lequel les Espagnols avaient écrit avant lui. Bien sûr, il a « romancé » ce qu'il connaissait du personnage historique, du héros légendaire ; il a adapté au goût français des œuvres dont la renommée s'était rendue en France. C'est la manière dont il a traité le sujet qui est originale et personnelle. Une très vaste majorité des tragédies classiques portent sur des sujets connus du public. La mythologie, les récits bibliques, une période historique sont étudiés, analysés et scrutés pour trouver des personnages dignes du genre, c'est-à-dire ayant vécu un drame personnel dont les conséquences politiques ou les ramifications dans les arcanes du pouvoir peuvent émouvoir le roi et sa cour ; pour découvrir des héros ayant vaincu leur passion ou surmonté avec dignité des épreuves titanesques ; pour chercher des figures propres à inspirer la peur du péché et du crime ou à servir de modèles en situation d'adversité. Situer l'action dans l'Antiquité ou dans le passé lointain n'est pas un caprice : les auteurs répondaient ainsi à l'exigence d'universalité du classicisme, ce qui conférait à leurs œuvres une vérité, un « réalisme » valide pour tous, en tout lieu, à toute époque et qui, par le fait même, en assurait la pérennité. Il convient donc de rappeler les sources de cette pièce.

LE « VRAI » CID

Rodrigo Díaz de Bivár, né vers 1043 et mort en 1099, est un héros de la *Reconquista* espagnole, c'est-à-dire de la reconquête du territoire annexé au VIIIᵉ siècle par les Maures. Ils s'emparèrent de la presque totalité de la péninsule ibérique. Rodrigo servit d'abord le roi Sanche II le Fort, puis son frère Alphonse VI, dont le royaume de León et de Castille s'agrandissait ou rétrécissait au gré des victoires et défaites militaires. Ce dernier roi donna Jimena (Chimène) Díaz en mariage à Rodrigo. L'histoire ne nous apprend à peu près rien au sujet de cette dernière, sauf qu'elle était sa « cousine », ce qui peut aussi bien vouloir dire une parente très lointaine qu'une femme qui lui est « apparentée » par le rang, c'est-à-dire digne de lui. C'est dans les chansons et poèmes populaires qu'on vit apparaître le récit de la relation entre Rodrigo et Chimène troublée par le meurtre du père de la jeune fille et, dans les livres d'histoire, ce ne fut que beaucoup plus tard. En combattant auprès de ces deux rois, il acquiert cependant une réputation d'invincibilité qui le suivra jusqu'à sa mort… et même après, selon la légende. Il ne semble pas qu'il ait servi Ferdinand 1ᵉʳ (Fernand, comme l'appelle Corneille), mort en 1065 et fondateur du royaume chrétien de Castille[1].

Pour des raisons que l'histoire ne précise pas clairement — ses succès militaires lui montèrent-ils à la tête ? le roi se sentait-il menacé par ce guerrier invincible, peut-être même indocile ? —, il tomba en disgrâce et devint chevalier errant, une sorte de Lancelot en quête

---

1. Certains ouvrages parlent plutôt d'un certain Ruy Díaz de Bivár, qui serait né vers 1030 et qui aurait servi Ferdinand 1ᵉʳ.

d'aventures et d'un seigneur à servir. Les diverses péripéties de sa quête chevaleresque l'amenèrent à soutenir plusieurs princes, parfois chrétiens, parfois musulmans ! C'est durant sa vie aventureuse que lui fut décerné le titre de Cid Campéador : *sidi* ou *séid* signifiant en arabe « seigneur, maître », et *campeador* en espagnol, « guerrier illustre ». En 1094, il s'empara du royaume maure de Valence, où il régna en roi jusqu'à sa mort en 1099 ; conquête éphémère, car la ville fut reprise et resta aux mains des Maures jusqu'en 1238. Autre liberté face à l'histoire prise par Corneille, qui situe l'action de son *Cid* à Séville ; cette ville d'Andalousie ne fut prise qu'en 1248 par Ferdinand III, et il ne semble pas que le Cid y ait fait incursion.

Selon la légende, son corps, gainé et maintenu fermement sur son cheval, aurait permis des victoires après sa mort, tant ses ennemis craignaient son nom et ses soldats étaient inspirés par sa seule présence. Mais pourquoi, parmi les si nombreux héros de la Reconquête, en vint-il à symboliser la résistance espagnole face aux Maures ? L'histoire ne peut que constater à quel point la fable populaire en fit un homme hors du commun. C'est lui que le peuple avait adopté comme symbole nationaliste. Son mythe a pour les Espagnols la force de celui de Roland et de Charlemagne[1] ou de Jeanne d'Arc pour les Français, ou de celui du roi Arthur et des chevaliers de la Table ronde pour les Anglais. Son nom seul soulevait l'enthousiasme, et l'on s'en servit longtemps pour justifier la lutte contre l'« occupant » mauresque. C'est justement cet embellissement populaire qui rend le véritable personnage historique difficile à cerner. De son vivant, en effet, ou en tout cas très peu de temps après sa mort, commençait déjà à se transmettre de bouche à oreille son épopée.

LES SOURCES LITTÉRAIRES

Dès 1140 fut mise sur papier la *Cantár del mio Cid* (*Poème de mon Cid*), chanson de geste narrée par les troubadours espagnols lors des veillées populaires ou des soirées dans les châteaux. Mais ce récit épique semble largement inspiré d'une œuvre plus ancienne, en latin,

---

1. Corneille lui-même en parle dans son « Avertissement » de 1648.

Carmen Campidoctoris, probablement contemporaine du Cid lui-même. Corneille, quant à lui, mentionne deux sources littéraires à son œuvre : le *Romancero,* qui compte plus de 200 chansons et poèmes courts en vers octosyllabes, et une œuvre dramatique de Guilhem de Castro, *Las Mocedades del Cid* (*Les Enfances du Cid* ou *La Jeunesse du Cid*), pièce de théâtre écrite en 1618[1]. En outre, Corneille cite un historien espagnol contemporain, Juan de Mariana de la Reina (1536-1624), qui parle du duel avec don Gomès, comte de Gormas, et du mariage de Chimène et Rodrigue.

Les spécialistes rapportent une foule d'autres sources, épiques (comme les « romances » judéo-espagnoles, car il semble que les Juifs vivant en Espagne l'aient aussi adopté comme héros), satiriques ou dramatiques. Certains historiens rappellent de plus que la ville de Rouen, où est né et a vécu Corneille, comptait une communauté culturelle d'origine espagnole assez nombreuse. Il est donc possible qu'il ait lui-même entendu, en espagnol ou en traduction française, des extraits des chansons de geste populaires racontant les exploits du Cid.

Malgré les accusations proférées et malgré les querelles qui ont vu le jour à son époque, Corneille a vraiment mis de la chair à des personnages historiques somme toute assez minces. Le Rodrigue de Corneille est un soldat crédible, réaliste, dont la victoire contre les Maures ne tient ni de l'exagération ni du fantastique ; lui et Chimène semblent des amants au désespoir, grâce à un tissage serré de l'intrigue et des péripéties ; le jeu des passions et des rivalités, de l'amour et de l'honneur, du « je veux » et du « je dois » donne une substance à tous les personnages de sa pièce, ce qui n'est pas développé, du moins avec autant de bonheur, par les autres œuvres. Examinons-les pour voir à quel point ces personnages sont des « types » et, à la fois, se refusent à n'être que ces stéréotypes.

---

1. Dans son « Avertissement » de 1648, Corneille cite des extraits de la pièce de Guilhem de Castro ainsi que les *Romance Primero* et *Secundo,* afin de se disculper de les avoir servilement contrefaites.

Les personnages

On peut s'étonner de la différence qui existe entre les héros, tels que nous les montre l'histoire ou la tradition populaire, et les personnages dépeints dans la pièce de Corneille. Cela tient principalement à l'imagination et à la liberté créatrice de l'auteur. Ce qui l'intéresse en effet, ce ne sont pas les exploits, les aventures héroïques, les victoires militaires, mais les conséquences psychologiques, la complexité des caractères et, surtout, leur victoire sur la passion ; la dignité devant l'adversité est, souvenons-nous-en, une caractéristique fondamentale de la tragédie classique. De fait, les personnages répondent aux préoccupations et aux aspirations du XVIIe siècle, en particulier en ce qui a trait à l'amour et à l'honneur. Même si Corneille s'est inspiré de l'histoire et d'œuvres espagnoles, les spectateurs de son époque se reconnaissaient dans ces personnages. Pour bien le comprendre, il convient de dégager leurs principales caractéristiques. Il faut aussi considérer qu'ils ont peu à voir avec les princes et chevaliers, belliqueux et somme toute mal dégrossis, du Moyen Âge ; ce sont des personnages raffinés, habitués aux subtilités de l'amour et de la courtoisie, soucieux de leur image, donc indépendants, hautains et, en même temps, soumis aux volontés du roi, jamais impulsifs et, pourtant, menant jusqu'à la fatale conclusion leurs désirs et devoirs opposés.

LES AMOUREUX : CHIMÈNE ET RODRIGUE

Rodrigue et Chimène évoquent sans contredit Roméo et Juliette : deux jeunes amoureux appartenant à des familles rivales, que tout devrait séparer, mais qu'un ironique destin a rendus fous d'amour. Mais là s'arrête la comparaison ; s'ils finiront vraisemblablement[1] par se marier, comme les héros de Shakespeare, contrairement à ces derniers leur amour ne provoquera pas leur perte. Le roi, dont l'autorité absolue est indiscutable, intervient pour que les rivalités familiales ne nuisent ni à leur amour, ni à son prestige personnel, ni au bien de l'État.

---

1. Dans son « Examen » de 1660, Corneille laisse entendre que leur mariage pourrait bien ne jamais avoir lieu.

GRAVURE ILLUSTRANT LA CHANSON DE GESTE
CANTÁR DEL MIO CID
. (*POÈME DE MON CID*).

Tous deux expriment leur amour de façon pathétique. On n'a qu'à lire les stances de Rodrigue, à la SCÈNE 6 de l'ACTE I pour constater à quel point l'amour provoque en lui des déchirements, parce qu'il s'oppose à l'honneur. Les deux rencontres de Chimène et de Rodrigue seuls sont aussi révélatrices (ACTE III, SCÈNE 4 et ACTE V, SCÈNE 1). Le célèbre «Va, je ne te hais point» (v. 963) de Chimène ne laisse aucun doute sur son amour, non plus que les compliments de Rodrigue à sa fiancée:

> «Et ta beauté sans doute emportait la balance,
> À moins que d'opposer à tes plus forts appas
> Qu'un homme sans honneur ne te méritait pas»
> (v. 886-888).

L'amour est incontestable, mais on discerne clairement qu'il s'oppose au devoir et à l'honneur. Rodrigue devait affronter un adversaire formidable, le guerrier le plus célèbre et le plus brave, le père même de Chimène; au péril de sa vie, il a choisi l'honneur, c'est-à-dire le seul chemin qui lui permettait de satisfaire à la fois son père et son amoureuse. Chimène en est bien consciente:

> «Ton honneur t'est plus cher que je ne te suis chère,
> Puisqu'il trempe tes mains dans le sang de mon père,
> Et te fait renoncer, malgré ta passion,
> À l'espoir le plus doux de ma possession»
> (v. 1509-1512).

Mais elle-même, bien qu'amoureuse, ne renonce pas non plus à obtenir réparation: jusqu'à la toute fin, et malgré les ordres et les ruses du roi, elle réclamera la mort du meurtrier de son père. Même dans la dernière scène de la pièce, elle ne peut se résoudre à obéir au roi, son devoir étant plus fort que son amour pour Rodrigue. Elle refuse d'être aveuglément soumise, au roi d'abord, au mari et maître ensuite; en ce sens, c'est une femme «moderne», une femme du siècle de Corneille, et non une esclave de l'Antiquité ou un trophée de guerre du Moyen Âge! Plus moderne encore, car elle se déclare l'égale de son amant, l'égale d'un homme.

Ton impudence,
Téméraire vieillard, aura sa récompense.

Vers 225-226.

Noël Le Mire (1724-1800),
d'après Hubert Gravelot (1699-1773).

Les rivaux : don Gomès, comte de Gormas, et don Diègue

Le père de Chimène et celui de Rodrigue sont plus que de simples rivaux : eux aussi ont de la substance, de l'épaisseur. D'abord, on connaît l'objet précis de leur rivalité : le poste de précepteur royal. Corneille nous les présente comme aussi dignes l'un que l'autre d'obtenir l'emploi. Mais la symétrie première prend un curieux tour après le soufflet (ACTE I, SCÈNE 3) ; dès ce moment, le Comte perd la sympathie du public, et l'auteur développera son arrogance, son caractère hautain et insolent[1]. Il mettra en revanche l'accent sur tout ce qui peut attirer la sympathie pour ce vieillard au « corps tout de glace » (v. 256), qui a été humilié et n'a désormais plus que le « cruel souvenir de [s]a gloire passée » (v. 245).

Au moment où le spectateur croit définitive la victoire du Comte, mais espère que soit ramené à l'ordre ce guerrier irrespectueux, il prend conscience du drame dont les nuages noirs s'accumulent et que quatre mots de Rodrigue, quatre mots seulement, illustrent prophétiquement : « Père, maîtresse, honneur, amour » (v. 311). Puis le vieillard que l'on croyait terrassé, le vieillard qui s'était vu accusé de mettre le royaume en péril en ayant causé la mort de son défenseur le plus acharné, retrouvera l'honneur de sa jeunesse par l'intermédiaire de son fils : « Porte, porte plus haut le fruit de ta victoire : / Je t'ai donné la vie, et tu me rends ma gloire » (v. 1053-1054).

Si une seule victoire prive Rodrigue de ce qui lui est le plus cher, une seconde rachète le mal causé en premier ; mais cela, le spectateur ne le sait pas encore, car il craint pour la vie de Rodrigue face à l'ennemi maure : se laissera-t-il tuer pour être délivré de son dilemme ? L'heureuse issue du combat contre les Maures révèle au public de nouvelles ramifications de la même épreuve. Mais le vieil homme que l'on croyait défait portera son fils jusqu'à la victoire finale, la vraie victoire, la conquête du cœur de Chimène, l'aveu qu'elle n'a jamais cessé de l'aimer malgré son crime : « Rodrigue a des vertus que je ne puis haïr » (v. 1803). Encore la même litote que plus haut (v. 963), qui laisse entrevoir la passion dévorante des amoureux.

---

1. Voir la page 123, dans la section consacrée à l'autorité royale.

Somme toute, plus que la simple cause du malheur de leurs enfants, les deux rivaux sont, à leur façon, des adjuvants de leur passion.

LE ROI : DON FERNAND

Dès ses premières paroles, on voit le roi établir fermement son autorité : « Il verra ce que c'est que de n'obéir pas. » (v. 568) Il semble par ailleurs plutôt sympathique à Rodrigue, ce qui laisse présager du succès plutôt mitigé de Chimène plaidant sa cause devant le roi : « Ce que le Comte a fait semble avoir mérité / Ce digne châtiment de sa témérité » (v. 639-640). Ce n'est pas une brute médiévale, mais un prince réfléchi, très « cartésien », qui met en balance les désirs contradictoires de ses sujets et la sécurité du royaume ; quand il revient en scène à la fin de l'ACTE IV (SCÈNES 3, 4 et 5), il déclare à Rodrigue, qui vient de sauver le royaume de la menace maure :

> « J'excuse ta chaleur à venger ton offense ;
> Et l'État défendu me parle en ta défense :
> Crois que dorénavant Chimène a beau parler,
> Je ne l'écoute plus que pour la consoler »
> (v. 1253-1256).

La suite de la pièce confirme cette décision, bien qu'il consente, avec réticence il est vrai, à ce que Rodrigue se prête au « jugement de Dieu » : selon la coutume féodale en effet, en combat singulier, Dieu accorde la victoire au juste. Puis il prévient Chimène : « Mais après ce combat ne demande plus rien. » (v. 1432) À l'ACTE V (SCÈNES 6, 7 et 8), il se donne un peu le rôle d'un père aimant mais sévère, d'un sage de bon conseil mais ferme : « Le temps assez souvent a rendu légitime / Ce qui semblait d'abord ne se pouvoir sans crime » (v. 1813-1814). Il le répète d'ailleurs à Rodrigue dans les tout derniers mots de la pièce : « Laisse faire le temps, ta vaillance et ton roi » (v. 1840).

LA FILLE DU ROI : L'INFANTE

Si les autres personnages apparaissent habituellement en couples ou en triades, doña Urraque est un personnage solitaire, unique, à part. Comme elle voudrait faire partie du « vrai monde » et avoir elle aussi le droit d'aspirer au cœur d'un amant tel que Rodrigue ! Mais fille cadette du roi, elle finit par se comporter avec grandeur en donnant elle-même l'homme qu'elle aime en secret à son amie Chimène.

Rodrigue, en effet, ne présente d'intérêt dramatique qu'en présence de Chimène ou en rivalité avec le Comte ; don Diègue perd sa qualité de personnage de tragédie sans le téméraire offenseur qu'est le père de Chimène ; cette dernière, quand elle n'est pas avec Rodrigue, est tragique toutes les fois qu'elle plaide devant le roi ou l'Infante. Le roi lui-même ne se présente en scène qu'entouré de sa cour. Mais l'Infante est seule : sa tragédie est intérieure, secrète, impossible à avouer… presque racinienne. Bien sûr, elle la révèle à sa confidente, mais uniquement pour le bénéfice du public. Ce n'est la présence de personne qui la rend tragique, c'est l'absence.

Son drame atteint des sommets dans ses fameuses stances (ACTE V, SCÈNE 2). Au début de la pièce, sa qualité de princesse ne lui permet pas d'être amoureuse d'un homme de petite noblesse ; mais au moment même où l'homme qu'elle aime atteint un rang assez haut pour qu'elle puisse l'aimer, elle sait que le mariage ou la mort de celui-ci le lui interdira ! Triste ironie du sort, « Puisque pour [la] punir le destin a permis / Que l'amour dure même entre deux ennemis » (v. 1595-1596), ce qui la laisse, comme au commencement, aussi seule, plus seule même que jamais.

LA COUR : DON ARIAS, DON SANCHE ET DON ALONSE

Ces personnages secondaires, comme les confidentes, se voient attribuer des fonctions plutôt que des rôles. Le premier à apparaître, don Arias, fait office de médiateur et de conseiller ; il tente d'amadouer l'un, de justifier l'autre. Don Sanche, un jeune homme assez impulsif pour que le roi lui commande de se taire (ACTE II, SCÈNE 6), se révéla, à l'instar de la princesse, un amoureux secret : « Employez mon amour à venger cette mort » (v. 779) déclare-t-il à Chimène ; plus loin, c'est lui qui réclame le droit de combattre contre Rodrigue pour la main de la belle Chimène (ACTE IV, SCÈNE 5). Évidemment, comme ce n'est qu'un personnage secondaire, sa tragédie personnelle n'est pas développée. Quant à don Alonse, il ne fait guère plus qu'annoncer l'entrée en scène de l'un ou l'autre personnage.

LES CONFIDENTES : LÉONOR ET ELVIRE

Contrairement à ce qu'on peut observer dans de nombreuses œuvres dramatiques contemporaines du *Cid*, seuls deux personnages ont des confidents : l'Infante a Léonor, Chimène a Elvire. Il est à cet égard significatif que Rodrigue n'ait personne à qui se confier ; cette situation fait de lui un héros solitaire, double masculin de la solitude de l'Infante. Habituellement, les confidents jouent un rôle un peu ingrat, celui de miroir de leur maître ou maîtresse ; rares sont les cas où l'on développe leur psychologie. On les voit surtout servir, écouter, encourager à parler.

Disons, en général, que c'est le cas de Léonor. Elle fait dire à sa maîtresse le fond de sa pensée, l'encourage dans le droit chemin, lui rappelle son devoir et son rang de princesse : « Votre espoir vous séduit, votre mal vous est doux ; / Mais enfin ce Rodrigue est indigne de vous » (v. 527-528), gronde-t-elle. Ailleurs, elle s'enquiert des pensées profondes de doña Urraque, mais se met aussitôt en garde de peur d'avoir été trop indiscrète. Est-ce ce qu'elle pense vraiment ? Plus loin, elle louange l'Infante d'avoir pris la bonne décision. Est-ce de son propre chef qu'elle vante la retenue de sa maîtresse ? Ou bien ne fait-elle, comme on dit, que ce pour quoi elle est engagée ?

Elvire, pour une bonne part, a les mêmes encouragements pour la fille du Comte ; elle se permet aussi d'« espionner » au bénéfice de sa maîtresse et de rapporter l'approbation des parents. Dans la SCÈNE 1 de l'ACTE III, elle se fait gardienne de la moralité :

> « Rodrigue, qu'as-tu fait ? où viens-tu, misérable ?
> […]
> Mais chercher ton asile en la maison du mort !
> Jamais un meurtrier en fit-il son refuge ? »
> (v. 741 et 748-749)

C'est elle aussi qui informe Chimène du triomphe du Cid sur les Maures (ACTE IV, SCÈNE 1). À l'ACTE V, enfin, c'est elle qui souligne la douleur de Chimène, mais tente surtout de lui faire voir le bon côté :

> « D'un et d'autre côté, je vous vois soulagée :
> Ou vous avez Rodrigue, ou vous êtes vengée ;
> Et quoi que le destin puisse ordonner de vous,
> Il soutient votre gloire, et vous donne un époux »
> (v. 1653 à 1656).

La langue et le style

Lire une œuvre classique, ce n'est pas seulement se faire raconter une histoire ; c'est aussi, et peut-être surtout, apprécier la valeur stylistique du texte. En fait, dans *Le Cid,* comme dans de nombreuses œuvres de l'époque, l'anecdote a plus ou moins d'importance, en ce sens que les épisodes du développement sont connus du spectateur ou du lecteur : le fait historique est célèbre, comme le sont les personnages et leurs rivalités, le dénouement, les lieux… Le récit a son importance, bien sûr, mais c'est surtout la *manière* dont il est mené qui importe. Un fait démontre hors de tout doute l'importance accordée à la *manière* : les auteurs sont placés en situation de rivalité, comme ce sera le cas en 1670 : Racine et Corneille écrivent une pièce sur le même sujet[1], et le public est appelé à se prononcer sur l'habileté des auteurs à mener l'action, leur style, leur conformité aux règles, la qualité de leurs vers, etc. En outre, une cabale est montée en faveur de l'un ou au détriment de l'autre. Au-delà des manœuvres mesquines, on constate à quel point la langue et le style ont passionné l'élite du XVIIe siècle. N'oublions pas non plus que Corneille s'est inspiré d'une pièce de l'auteur espagnol Guilhem de Castro parue en 1631 ; il est à peu près certain que de nombreux lettrés connaissaient cette pièce, car on a reproché à Corneille de l'avoir imitée trop servilement. Pourtant, le dramaturge français a observé assez fidèlement les règles strictes de composition qui étaient en train de s'imposer à

---

1. Il s'agit de *Bérénice.* (Voir l'année 1670 du tableau chronologique.)

l'époque en France. Ainsi, plutôt que de se dérouler sur une période de trois ans, sa pièce serre de près la prescription des vingt-quatre heures (unité de temps).

Corneille a voulu et su émouvoir son public : cela, les chroniques de l'époque l'affirment sans détour. On voyait et revoyait *Le Cid,* on en apprenait des extraits. Chacun se reconnaissait en ces personnages plus grands que nature, et tout de même jouets de leurs faiblesses intérieures : les passions. Qui plus est, les personnages présentés par Corneille ont quelque chose de typiquement français, et ressemblent plus aux nobles du xviie siècle qu'aux chevaliers du xie siècle. Cela transparaît dans leurs pensées, dans l'importance qu'ils accordent à leur honneur et à leur réputation, mais aussi dans leur façon de s'exprimer. Ces personnages emploient la même langue que le public cultivé, dont nous avons parlé plus haut.

LA VERSIFICATION

D'emblée, un aspect qui saute aux yeux du lecteur du *Cid* est le fait que le texte est écrit principalement en **alexandrins** (vers de douze syllabes). Ces vers forment des couples qui riment, c'est-à-dire des **rimes suivies**, ou plates. La pièce suit ce modèle d'un bout à l'autre, sauf dans deux passages, que l'on a coutume d'intituler les « stances de Rodrigue » (ou « stances du Cid ») à la SCÈNE 6 de l'ACTE II, et les « stances de l'Infante » à la SCÈNE 2 de l'ACTE V. Dans ces extraits, Corneille utilise des vers de six, huit et dix syllabes en plus des alexandrins. En outre, le vers classique idéal comporte une **césure** (coupure) à l'**hémistiche** (le milieu du vers, c'est-à-dire après la sixième syllabe pour le vers qui en compte douze) ; dans l'exemple qui suit, l'hémistiche est représentée par un double trait (||) :

> **DON DIÈGUE**
> « Là,| dans| un| long| tis|su|| de| bel|les| ac|ti|ons,
> Il| ver|ra| com|me il| faut|| domp|ter| des| na|ti|ons,
> At|ta|quer| u|ne| pla||ce, or|don|ner| u|ne ar|mée,
> Et| sur| de| grands| ex|ploits|| bâ|tir| sa| re|nom|mée.

L<small>E</small> C<small>OMTE</small>

Les| e|xem|ples| vi|vants|| sont| d'un| au|tre| pou|voir;
Un| prin|ce| dans| un| li||vre ap|prend| mal| son | de | voir.
Et| qu'a| fait| a|près| tout|| ce| grand| nom|bre| d'an|nées,
Que| ne| puis|se é|ga|ler|| u | ne| de| mes| jour|nées?
Si| vous| fû|tes| vail|lant,|| je| le| suis| au|jour|d'hui,
Et| ce| bras| du| roy|au||me est| le| plus| fer|me ap|pui.
Gre|na|de et| l'A|ra|gon|| trem|blent| quand| ce| fer| brille;
Mon| nom| sert| de |rem|part|| à| tou|te| la| Cas|tille »
(v. 187 à 198).

Selon qu'il aura six, huit ou dix syllabes, on nommera le vers hexamètre, octosyllabe (octosyllabique) ou décasyllabe (décasyllabique).
Ainsi les vers 296 et 297 sont l'un un hexamètre et l'autre un décasyllabe :

« Cè|de au| coup| qui| me| tue.
Si| près| de| voir| mon| feu| ré|com|pen|sé ».

Les traits indiquent comment sont comptées les syllabes. Sans
expliquer toutes les règles de la versification classique et de la **scansion** (mesure) des vers, on peut tout de même en présenter les principales. À la fin d'un vers, une syllabe muette placée en fin de mot
n'est pas comptée; ainsi « brille » et « tille » comptent pour une syllabe
et non deux (bril|le). À l'intérieur d'un vers, une syllabe muette placée
en fin de mot compte pour une syllabe si elle est suivie d'un mot qui
commence par une consonne; ainsi, dans « au|tre| pou|voir| »,
« tre » compte pour une syllabe. À l'opposé, si elle est suivie d'un mot
qui commence par une voyelle (ou un *h* muet), on ne la compte pas
pour une syllabe; ainsi, dans « li|vre ap|prend » et dans « puis|se
é|ga|ler », « vre ap » et « se é » comptent chacun pour une seule syllabe.
Quant aux mots contenant deux voyelles de suite (par exemple,
natIOns, vIOlence, guerrIEr), l'auteur a le choix de compter une ou
deux syllabes (na|tions ou na|ti|ons; vio|lence ou vi|o|lence; guerr|ier
ou guer|ri|er); ainsi, le mot « ac|ti|ons » est compté pour trois syllabes,
mais l'auteur aurait pu n'en compter que deux au besoin.

Un vers peut être constitué de plusieurs répliques. Voici un exemple (v. 855) :

CHIMÈNE
Hélas !

DON RODRIGUE
    Écoute-moi.

CHIMÈNE
            Je me meurs.

DON RODRIGUE
                 Un moment.

Les quatre répliques ne constituent qu'un vers ; la disposition décalée permettra de déceler qu'il s'agit du même vers. Si on réunissait les répliques sur une seule ligne, on obtiendrait un alexandrin :

« Hé|las !| É|cou|te-|moi.|| Je| me| meurs.| Un| mo|ment. »

On permettait aux auteurs de prendre certaines libertés orthographiques, en raison de la difficulté d'écrire en vers ou en raison de considérations esthétiques. Voici quelques exemples de ces particularités orthographiques, ou licences poétiques :

« Elle va revenir ; elle vient, je la voi :
    Du moins, pour son honneur, Rodrigue, cache-toi »
    (v. 771-772).

Si l'auteur avait écrit « je la vois », la rime n'aurait pas été aussi évidente ou agréable pour l'œil (« vois »/« toi »). Le procédé est le même aux vers 851 et 852 (« je voi »/« moi ») ainsi qu'aux vers 1231 et 1232 (« roi »/« j'en reçoi »). Bien sûr, ailleurs, on verra l'orthographe normale « vois » ou « voit ».

Il arrive que l'auteur ait besoin de supprimer une syllabe pour obtenir un alexandrin. Il peut alors supprimer un *e* muet à la fin d'un mot. C'est le cas d' « encor » aux vers 3, 23, 36, 80, etc. :

« Tous| mes| sens| à| moi-|mê||me en| sont| en|cor| char|més »
    (v. 3).

Sans cette suppression, le vers compterait treize syllabes. Par contre, pour obtenir les douze syllabes d'un alexandrin ou pour obtenir la rime souhaitée, l'auteur peut employer divers procédés, comme ajouter un *s* à un mot ou employer un mot au féminin. C'est ce que nous voyons dans les exemples suivants:

« Jus|ques| à| cet| hy|men|| Ro|dri|gue| m'est| ai|mable »
(v. 114);

« Qui| fait| le| beau| suc|cès|| d'une| a|mour| si| par|faite »
(v. 1762);

On avait pourtant vu « un amour parfait » au vers 1343.

LES PROCÉDÉS STYLISTIQUES

La poésie du xviie siècle emploie un langage fleuri et recherche l'expression qui impressionne et bouleverse. Pour les théoriciens de l'art classique et les auteurs de cette époque, le texte littéraire doit se détacher du commun, exprimer la pensée avec adresse et raffinement. N'oublions pas que le public est avant tout composé de nobles, de grands bourgeois, les seules personnes pouvant s'offrir une instruction poussée, ainsi que d'érudits. C'est la raison pour laquelle les auteurs emploient de nombreuses figures de style. Maîtriser des notions sur celles-ci permet de mieux apprécier les subtilités du style classique.

En outre, le style de Corneille est si particulier, si étudié afin que les mots restent imprégnés dans les mémoires que de nombreuses expressions sont entrées dans le répertoire des proverbes ou des maximes. On se souvient aisément d'extraits comme « aux âmes bien nées / La valeur n'attend point le nombre des années » (v. 405-406), « À vaincre sans péril, on triomphe sans gloire » (v. 434), ou encore « Pour grands que soient les rois, ils sont ce que nous sommes: / Ils peuvent se tromper comme les autres hommes » (v. 157-158).

Enfin, rappelons qu'au xviie siècle, on pouvait placer le pronom personnel devant le semi-auxiliaire (pouvoir, devoir, vouloir, aller, etc.) ou devant le verbe l'accompagnant. Ainsi « Je ne le puis souffrir » (v. 867) devient en français moderne *je ne puis le souffrir*. De même, au vers 162, lire: *La faveur a pu le faire autant que le mérite.*

JUGEMENTS CRITIQUES DE L'ŒUVRE

Je prétends donc prouver contre cette pièce du *Cid* :
Que le sujet n'en vaut rien du tout ;
Qu'il choque les principales règles du poème dramatique ;
Qu'il manque de jugement en sa conduite ;
Qu'il a beaucoup de méchants vers ;
Que presque tout ce qu'il a de beautés sont dérobées ;
Et qu'ainsi l'estime qu'on en fait est injuste.

G. de Scudéry. *Observations sur* Le Cid, 1637. Cité dans Corneille, Pierre. *Le Cid,*
Paris, L'Arche éditeur, coll. du Répertoire, Théâtre national populaire, 1951, p. 95.

Il est malaisé de s'imaginer avec quelle approbation cette pièce
fut reçue de la cour et du public. On ne se pouvait lasser de la voir,
on n'entendait autre chose dans les compagnies, chacun en savait
quelque partie par cœur, on la faisait apprendre aux enfants et en
plusieurs endroits de la France il était passé en proverbe de dire :
Cela est beau comme *Le Cid.*

Pelisson. *Relation contenant l'histoire de l'Académie française,* 1653. Cité dans
Corneille, Pierre. *Le Cid,* Paris, Larousse, coll. « Classiques », 1990, p. 193.

En vain contre *Le Cid* un ministre se ligue :
Tout Paris pour Chimène a les yeux de Rodrigue.
L'Académie en corps a beau le censurer :
Le public révolté s'obstine à l'admirer.
Mais lorsque Chapelain met une œuvre en lumière
Chaque lecteur d'abord lui devient un Linière[1].
En vain il a reçu l'encens de mille auteurs :
Son livre en paraissant dément tous ses flatteurs.
Ainsi, sans m'accuser, quand tout Paris le joue,
Qu'il s'en prenne à ses vers que Phébus désavoue ;
Qu'il s'en prenne à sa muse allemande en françois.

Boileau-Despréaux, Nicolas. *Satire IX* (1668), dans *Œuvres complètes :*
Épîtres, Art poétique, Le Lutrin, Paris, Société des Belles Lettres,
coll. des universités de France, 1967, 374 p.

---

1. François Payot de Linière, libertin violemment opposé à Chapelain. Le message, c'est que les
œuvres de Chapelain n'ont pas bon accueil dans le public, même s'il s'efforce de respecter les règles.

Racine fait des comédies pour la Champmeslé[1] : ce n'est pas pour les siècles à venir. Si jamais il n'est plus jeune, et qu'il cesse d'être amoureux, ce ne sera plus la même chose. Vive donc notre vieil ami Corneille ! Pardonnons-lui de méchants vers, en faveur de divines et sublimes beautés qui nous transportent : ce sont des traits de maître qui sont inimitables. Despréaux en dit encore plus que moi ; et en un mot, c'est le bon goût : tenez-vous-y.

Mme de Sévigné. « Lettre à Mme de Grignan, 16 mars 1672 », dans *Lettres,* Paris, Gallimard NRF, coll. « Bibliothèque de la Pléiade », 1963, TOME I, p. 498.

Après les ennuyeuses pièces auxquelles on était habitué jusque-là, monotones, plates, insipides, on se trouvait en présence d'une œuvre émouvante, vigoureuse, humaine, où les dialogues se pressant à une allure souple et élégante au milieu de péripéties inattendues, tenaient les auditeurs en haleine et donnaient dans l'ensemble une impression de jeunesse, de flamme et d'enthousiasme.

Batifol, Louis. *Richelieu et Corneille. La légende de la persécution de l'auteur du « Cid »,* Paris, Calman-Lévy, « Nouvelle collection historique », 1936, p. 56.

Ce qui peu à peu affleure et se fait jour dans cet admirable monologue [les « Stances du *Cid* », ACTE I, SCÈNE 6], et qui représente le tournant décisif de l'héroïsme cornélien, c'est la nécessité du sacrifice à l'*amour en tant que jouissance* au maintien de l'*ordre aristocratique* : derrière l'« honneur » et la « gloire » personnels se profilent la « maison » et l'« Espagne ». [...] La grandeur de Rodrigue — et c'est l'avènement du héros sur le plan de l'amour — n'est pas de refuser sans plus le Moi de la Vie et du Sentiment, mais de relancer, d'*inventer l'amour* à un niveau libérateur. Tout comme, à son propre péril, il se découvrira « guerrier » en affrontant le Comte, il se trouvera en tant qu'amant *en affrontant Chimène*.

Doubrovsky, Serge. *Corneille et la dialectique du héros,* Paris, Gallimard NRF, coll. « Bibliothèque des idées », 1963, p. 103-104.

---

1. Comédienne avec qui Jean Racine aurait eu une aventure. Mme de Sévigné prophétise la retraite de Racine ; cinq ans plus tard, en effet, il s'assagit et renonce à la vie dissolue, prend du recul face au théâtre et se marie. Pour ce qui est de la phrase suivante, elle commet une erreur : avec Corneille et Molière, Racine restera comme l'un des trois plus grands auteurs français du XVIIe siècle.

Le Cid.
Don Diègue (Aubert Pallascio) et **Don Rodrigue** (Patrice Godin).
Acte III, scène 6.

Théâtre Denise-Pelletier, 1997.
Photographie de Josée Lambert.

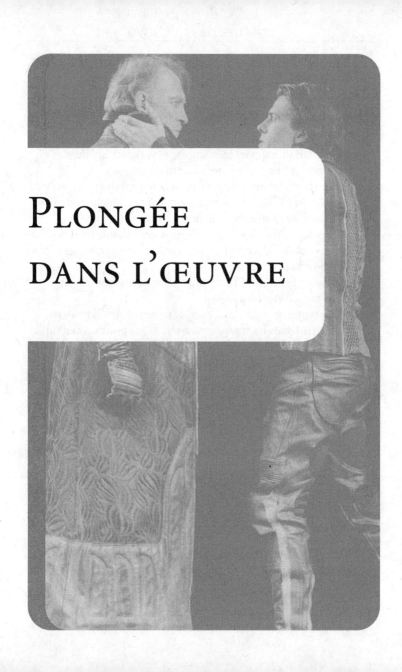

PLONGÉE
DANS L'ŒUVRE

QUESTIONS SUR LES ACTES

ACTE I

Compréhension

1. À quel personnage correspondent les descriptions suivantes ?
   a) Elle « fait un rapport bien sincère » (v. 1) à Chimène concernant un certain projet de mariage.
   b) Ce prétendant au cœur de Chimène « n'a trait en son visage / Qui d'un homme de cœur ne soit la haute image » (v. 29-30).
   c) Le nom de l'autre prétendant de Chimène (v. 14).
   d) Elle « sor[t] du respect pour blâmer cette flamme. [entre] Une grande princesse [...] / [... et] un simple cavalier » (v. 86 à 88).
   e) « Étant fille de roi, / Tout autre qu'un monarque [serait] indigne » d'elle (v. 99-100).
   f) Ce « téméraire vieillard » (v. 226) se demande s'il ne s'est « blanchi dans les travaux guerriers / Que pour voir en un jour flétrir tant de lauriers » (v. 239-240).
   g) On l'a vu « tout couvert de sang et de poussière, / Porter partout l'effroi dans une armée entière » (v. 277-278).

2. Quel poste prestigieux se disputent le père de Chimène et celui de Rodrigue (v. 43, 153, etc.) ?

3. Quel secret l'Infante révèle-t-elle à Léonor au sujet de Rodrigue (v. 81 à 83) ?

4. Pourquoi ce secret concerne-t-il quelque chose d'impossible, selon Léonor (v. 85 à 90, 99-100) ?

5. Pourquoi est-il primordial pour l'Infante que Chimène et Rodrigue se marient (v. 101 à 112) ?

6. Quel est le nom du royaume où se déroule l'action du *Cid* (v. 89, 153, 198, etc.) ?

7. Quel est le sujet de la querelle entre le Comte et don Diègue (v. 151 à 207) ?

8. Selon le Comte, son concurrent a obtenu un poste prestigieux pour plusieurs raisons. Relevez-en au moins trois énumérées entre les vers 161 et 226. Don Diègue considère que son rival aussi méritait ce poste ; dans le même extrait, relevez les raisons qu'il donne.

9. Pourquoi don Diègue ne peut-il vaincre son adversaire dans un duel à l'épée (v. 219 à 260) ?

10. Après la demande de vengeance de son père, Rodrigue vit un terrible dilemme (v. 291 à 350) : expliquez-le.

11. À la fin de l'ACTE I, Rodrigue croit sa mort assurée. Pourquoi n'entrevoit-il aucune autre issue (v. 291 à 350) ?

Observations ou exercices d'écriture

1. Dressez le portrait de Chimène telle qu'elle est présentée dans la SCÈNE 1.

2. Dans la SCÈNE 1, on découvre que deux rivaux se disputent le cœur de Chimène. Par quels aspects sont-ils semblables ? Qu'est-ce qui les distingue l'un de l'autre ?

3. Expliquez le dilemme de l'Infante. Pourquoi ne peut-elle aimer Rodrigue ? Pourquoi cède-t-elle l'homme qu'elle aime à Chimène ?

4. Relevez les figures d'opposition dans les vers 91 à 135.

5. Dans la conversation du Comte et de don Diègue, quelle est l'attitude des deux personnages ? Relevez les indices du caractère, du tempérament ou de l'humeur de chacun.

6. Faites la liste des verbes à l'impératif entre les vers 170 et 184. Quel effet produisent-ils ? Dans quel but, dans quel état d'esprit le Comte les emploie-t-il ? Faites le même exercice avec les verbes au conditionnel entre les vers 199 et 207.

7. On constate que don Diègue essaie de calmer le Comte, d'amoindrir l'importance de l'événement. Quelles sont les expressions et les phrases qui traduisent le mieux cette idée ? Quel(s) procédé(s) y observez-vous ?

8. À partir du vers 215, on constate que le ton monte entre les deux hommes ; le Comte poussera finalement l'insulte jusqu'à frapper et à désarmer son adversaire.

a) Comparez l'attitude et les opinions du Comte envers don
Diègue dans cet extrait à ce qu'a rapporté Elvire aux vers 25
à 38.

b) Relevez les moyens employés par l'auteur pour traduire
cette escalade; attardez-vous en particulier au vocabulaire,
à la connotation et à la syntaxe.

9. À quel endroit les deux hommes cessent-ils d'employer le
pronom « vous » pour passer au « tu »? Que marque ce changement de personne grammaticale?

10. Faites la liste des reproches que s'adressent les deux hommes
dans la SCÈNE 3.

11. Dans la tirade de don Diègue (SCÈNE 4), observez la ponctuation
et expliquez le rôle qu'elle joue pour traduire l'émotion du personnage. Quels autres procédés traduisent aussi ses sentiments?

12. Relevez les figures d'insistance et d'amplification dans la SCÈNE 4.

13. Dans les SCÈNES 5 et 6, relevez les passages où s'exprime
la notion d'honneur caractéristique de la société féodale
ou monarchique.

14. Le père de Rodrigue utilise souvent l'impératif dans la SCÈNE 5.
Faites la liste des verbes à ce mode et expliquez-en la valeur.

ACTE II

Compréhension

1. À quoi le Comte attribue-t-il sa querelle avec don Diègue?

2. Si le roi l'exige, qu'est-ce que le Comte est prêt à faire pour
réparer l'honneur blessé du vieillard? À l'opposé, que refusera-
t-il de faire?

3. Selon le Comte, pourquoi le roi ne le mettra-t-il pas à mort?

4. Quels arguments l'Infante utilise-t-elle pour calmer les craintes
de Chimène dans la SCÈNE 3? Comment cette dernière les
réfute-t-elle? Par quel argument semble-t-elle avoir convaincu
Chimène à la toute fin de la scène?

5. Au moment même où Chimène semble rassurée,
une information vient renverser la situation: laquelle?

6. Expliquez la pensée de l'Infante dans les vers 509 à 512.
7. L'Infante considère ce que Rodrigue pourrait devenir s'il réussissait à vaincre le Comte. Expliquez ce qu'elle imagine.
8. Selon don Sanche, pourquoi le Comte a-t-il refusé d'obéir au roi et de réparer l'offense faite à don Diègue?
9. Don Sanche propose une solution pour résoudre le conflit entre le Comte et don Diègue, mais celle-ci déplaît au roi. Quelle est cette solution?
10. Selon le roi, le Comte ne s'est pas seulement attaqué à don Diègue, mais au pouvoir royal. Expliquez en quoi il s'est opposé au roi et quel est le point de vue de ce dernier sur la question.
11. En parlant à don Arias et à don Sanche, le roi annonce qu'une menace pèse sur le royaume. Quelle est cette menace?
12. Quel ordre le roi donne-t-il concernant l'approche de cette menace?
13. Quelle nouvelle don Alonse vient-il annoncer au roi et à la cour?
14. Que lit Chimène dans le sang répandu de son père?
15. Pourquoi don Diègue considère-t-il que la mort du Comte est préférable à son propre sort?
16. Selon don Diègue, qui mérite d'être châtié pour la mort du Comte? Pourquoi?
17. Quel châtiment Chimène réclame-t-elle pour le meurtrier de son père?

Observations ou exercices d'écriture

1. Dans la SCÈNE 1, relevez les expressions qui:
   a) se rapportent au pouvoir royal;
   b) décrivent le caractère du Comte.
2. Don Arias réussit-il à faire fléchir le Comte? Quelle(s) expression(s) le prouve(nt)?
3. Relevez les répétitions et redondances dans la SCÈNE 2.
4. À la fin de la SCÈNE 2, il est évident que Rodrigue et le Comte vont s'affronter en duel. Quelles seraient les répercussions d'une victoire du Comte? d'une victoire de Rodrigue?

5. Entre les vers 445 et 451, l'Infante et Chimène emploient toutes deux l'image de la tempête. Dites quelle est l'idée suggérée par l'Infante. Montrez que ce qu'ajoute Chimène l'amène à une conclusion inverse.

6. Dans la SCÈNE 5, on voit un bon exemple du conflit entre la raison et la passion : relevez les vers où cela est plus particulièrement évident.

7. Les propos de Chimène devant le roi sont parsemés de figures d'insistance : relevez-en quelques-unes. Don Diègue emploie le même procédé : obtient-il le même effet ?

8. Relevez les termes appréciatifs et dépréciatifs employés par Chimène et don Diègue dans la dernière scène. Lesquels sont les plus nombreux ? les plus convaincants ?

ACTE III

Compréhension

1. Pourquoi Elvire est-elle étonnée de voir Rodrigue ?

2. Que vient faire Rodrigue chez le Comte après la mort de celui-ci ?

3. Discutant avec Rodrigue, Elvire voit venir Chimène. Que dit-elle alors à Rodrigue ?

4. Qui accompagne Chimène à son retour chez elle ?

5. Quelle offre cette personne fait-elle à Chimène pour venger la mort de son père ? Quel sentiment lui dicte de faire cette offre ?

6. Chimène refuse cette offre parce qu'elle offenserait le roi. Expliquez son point de vue.

7. « La moitié de ma vie a mis l'autre au tombeau » (v. 800). Expliquez ce que Chimène veut dire par ces mots.

8. Que fera Chimène dès qu'elle aura obtenu la condamnation (la mort) du meurtrier de son père ? Citez les vers des SCÈNES 3 et 4 qui le prouvent.

9. De quel objet appartenant à Rodrigue Chimène ne peut-elle supporter la vue ? Pourquoi ?

10. Rodrigue explique à Chimène que, s'il n'avait pas tué le Comte, il leur aurait été impossible de continuer à s'aimer. Éclaircissez cette apparente contradiction.

11. Comment Rodrigue utilise-t-il l'argument de la rumeur publique pour forcer Chimène à le tuer? Comment Chimène contre-t-elle cet argument en employant elle-même la rumeur publique à ses propres fins?

12. Dans la scène 5, on voit don Diègue chercher en vain son fils : quelles sont ses craintes au sujet de ce dernier?

13. Que veut dire don Diègue à Rodrigue par les mots suivants : « Ton prince et ton pays ont besoin de ton bras » (v. 1072)?

14. Par où et par quel moyen de transport les ennemis s'approchent-ils de la ville?

15. Don Diègue veut que Rodrigue prenne la tête d'un groupe pour défendre la ville. De combien de personnes est formé ce groupe?

16. Au début de sa dernière réplique, don Diègue semblait refuser que son fils cherche la mort, mais un peu plus loin, il semble le pousser vers elle. Comment peut-on expliquer cette apparente contradiction?

17. Selon don Diègue, quel est le seul moyen par lequel Rodrigue peut reconquérir le cœur de Chimène?

Observations ou exercices d'écriture

1. Dans la scène 3, relevez les répétitions et anaphores qui aident à traduire le chagrin de Chimène.

2. Entre les vers 810 et 824, Chimène affirme aimer malgré tout l'assassin de son père : relevez les hyperboles et les antithèses qu'elle emploie pour faire comprendre à Elvire son dilemme.

3. Quel euphémisme Rodrigue emploie-t-il pour obtenir que Chimène l'écoute au début de la scène 4? Il avait employé à peu près le même à l'acte II, scène 2 pour obtenir l'attention du Comte : repérez-le aussi.

4. Au début de la scène 4 (v. 849 à 864), on voit apparaître plusieurs fois le mot « sang » : dites quels sont les divers sens accordés à ce mot dans l'extrait.

5. Entre les vers 980 et 1000, les deux héros semblent d'accord sur la manière d'interpréter la situation et d'envisager l'avenir. Quel procédé, surtout, souligne le fait qu'ils s'entendent ?

6. Entre les vers 963 et 1000, Chimène dit plusieurs fois à Rodrigue de la quitter. Relevez au moins cinq expressions qu'elle emploie pour l'engager à partir.

7. Vers la fin de la SCÈNE 4, Rodrigue emploie un oxymore. Quel est-il ? Que laisse-t-il entendre sur l'avenir de Rodrigue ?

8. Dans la SCÈNE 5, don Diègue multiplie les antithèses. Relevez-les et dites dans quel but il en emploie autant.

9. Dans la SCÈNE 6, don Diègue emploie plusieurs expressions mélioratives pour décrire son fils. Donnez-en au moins cinq.

10. Alors que don Diègue semble déborder de joie, Rodrigue apparaît plutôt maussade, renfermé. Relevez quelques vers qui mettent en évidence ce contraste.

11. Par quels mots don Diègue fait-il comprendre à son fils que l'honneur est et doit rester la valeur primordiale de leur vie ; à l'opposé, il fait valoir que l'amour est une valeur secondaire. Où dans le texte de la SCÈNE 6 peut-on en trouver la preuve ?

12. Montrez par quelques citations judicieuses lequel est, à votre avis, le plus coupable : Rodrigue d'avoir tué le Comte ou Chimène d'aimer l'assassin de son père.

ACTE IV

Compréhension

1. Qui apprend à Chimène la nouvelle de la victoire sur les Mores ?

2. Combien de temps a duré la bataille contre les Mores ?

3. Rodrigue a fait deux prisonniers : donnez des précisions.

4. Qui a présenté les deux prisonniers mores au roi ?

5. La victoire de Rodrigue augmente deux choses chez Chimène. Expliquez clairement le sens des vers 1163 à 1168.

6. Pourquoi, selon l'Infante, Chimène avait-elle raison hier de s'attaquer à Rodrigue, alors qu'aujourd'hui cela semble mal à propos ? Quel conseil lui donne-t-elle ?

7. En quoi s'opposent les intérêts privés de Chimène et les intérêts publics du royaume?

8. Qui a donné à Rodrigue le nom de Cid? Qui le confirme dans ce titre?

9. Parti avec une troupe plutôt modeste, Rodrigue arrive au port avec une armée beaucoup plus nombreuse. De combien de combattants dispose-t-il?

10. Avec combien de vaisseaux les Mores se présentent-ils devant la ville?

11. Expliquez la surprise que Rodrigue réserve aux Mores qui attaquent la ville.

12. Quelle est la réaction du roi lorsqu'on lui annonce l'arrivée imminente de Chimène?

13. Après la victoire du Cid, que fait croire don Fernand à Chimène?

14. Quelle explication Chimène donne-t-elle à sa réaction devant la nouvelle de la mort de Rodrigue?

15. Pourquoi Chimène aurait-elle été insatisfaite si Rodrigue était mort en combattant?

16. Puisque le roi ne veut pas condamner Rodrigue à l'échafaud, Chimène fait appel à tous les cavaliers. Que veut-elle exactement? Qu'offre-t-elle en récompense?

17. Quel argument Chimène présente-t-elle au roi pour le convaincre d'accepter un duel entre son champion et Rodrigue?

18. Le roi accepte que Rodrigue combatte en combat singulier, mais à une condition: laquelle?

19. Qui sera le champion de Chimène dans le combat contre le Cid?

20. Qu'est-ce qui prouve que le roi désavoue la pratique des duels pour régler des litiges?

Observations ou exercices d'écriture

1. Comment est montré le contraste entre les sentiments de Chimène et la joie populaire au début de la SCÈNE 2?

2. Le roi emploie de nombreux termes appréciatifs au début de la SCÈNE 3: relevez-les. Que laisse entendre ce jugement favorable du roi pour la suite des événements? Quelles phrases du roi confirment clairement la victoire de Rodrigue sur Chimène?

3. Rodrigue multiplie les formules de politesse lorsqu'il s'adresse au roi. Donnez-en quelques-unes et dites l'effet produit.

4. Quelle figure de style domine dans la narration que fait le Cid de la bataille contre les Mores? Relevez-en des exemples entre les vers 1285 et 1321.

5. Malgré son éclatante victoire, Rodrigue apparaît quand même modeste, humble devant l'autorité royale. Relevez au moins trois vers qui le prouvent.

6. On peut dire que le combat commence et se termine par un cri sorti de milliers de gorges. Expliquez le contraste entre celui du début et celui de la fin.

7. Rodrigue raconte le combat contre les Mores en utilisant presque exclusivement l'indicatif présent. Quel effet produit l'emploi de ce temps? Comment, dans les grammaires, appelle-t-on l'emploi du présent pour raconter des événements passés?

8. Quelles phrases montrent clairement que Chimène est consciente de sa défaite devant le roi?

9. Quelle énumération de termes dépréciatifs ou hyperboliques Chimène emploie-t-elle lorsque le roi lui annonce qu'il veut malgré tout la donner en mariage à Rodrigue?

ACTE V

Compréhension

1. Que veut dire Léonor à sa maîtresse lorsqu'elle lui parle du «repos qu'enfin a retrouvé [son] âme» (v. 1598)?

2. Léonor tente de convaincre l'Infante que son amour pour Rodrigue doit cesser. Pourquoi? Faites la liste des arguments qu'elle présente entre les vers 1611 et 1626.

3. Selon Léonor, que vaut don Sanche comme opposant de Rodrigue? Pourquoi Chimène l'a-t-elle choisi comme champion?

4. À la fin de la scène 3, l'Infante affirme qu'elle se vaincra, qu'elle surmontera son inclination pour Rodrigue. Quelle est la raison de cette décision?

5. Quelle que soit l'issue du combat, Chimène sera malheureuse. Pourquoi ? À l'opposé, Elvire la voit « soulagée » (v. 1653). Expliquez son point de vue.

6. Quelle que soit l'issue du combat, Chimène ne pourra aimer celui qui lui sera imposé comme mari. Expliquez pourquoi.

7. Lorsqu'Elvire lui fait valoir que le roi saura l'obliger à épouser Rodrigue, que répond Chimène ?

8. Quelle « preuve » de sa victoire sur Rodrigue don Sanche offre-t-il à Chimène ?

9. Quelle révélation Chimène fait-elle au roi dès qu'elle le voit paraître ?

10. Quelle transformation la « mort » de Rodrigue a-t-elle fait subir à Chimène ?

11. Que demande Chimène au roi, plutôt que de l'obliger à marier don Sanche ? Qu'est-elle prête à donner en échange à ce dernier ?

12. Selon don Sanche, sur quoi repose l'erreur de Chimène lorsqu'elle l'a cru vainqueur ?

13. Selon Rodrigue, qui est la seule personne qui puisse le vaincre ?

14. Le roi concède qu'il serait malséant de donner immédiatement Chimène à Rodrigue. Que doit d'abord faire Rodrigue pour mériter la main de sa bien-aimée ?

Observations ou exercices d'écriture

1. En certains endroits, Chimène emploie la 3e personne lorsqu'elle parle à Rodrigue, par exemple aux vers 1476 à 1478. Trouvez d'autres endroits dans la SCÈNE 1 où elle utilise ce procédé et expliquez-en l'effet. Rodrigue fait parfois la même chose en parlant de lui-même : l'effet est-il semblable ?

2. Dans sa dernière réplique de la SCÈNE 1, Rodrigue emploie des figures d'insistance et d'amplification : donnez-en quelques exemples.

3. Faites la liste des termes appréciatifs employés par l'Infante pour désigner Rodrigue dans la SCÈNE 3. Sont-ils différents de ceux qu'elle avait employés dans la stance de la SCÈNE 2 ?

4. Cherchez les personnifications employées par Chimène dans la SCÈNE 4.

5. Lorsqu'Elvire pose une grande quantité de questions à sa maîtresse, espère-t-elle qu'elle y réponde ? Quel est le rôle du questionnement d'Elvire à la fin de la SCÈNE 4 ?

6. Quels mots Chimène utilise-t-elle pour qualifier don Sanche qu'elle croit revenu du combat vainqueur ? Comment qualifieriez-vous ces termes ?

7. Rodrigue imagine ce que pourrait encore exiger de lui Chimène. Quels procédés emploie-t-il pour dire qu'il est prêt à tout pour elle ?

8. En refusant d'être le salaire du guerrier victorieux, Chimène adopte une attitude très moderne, quasi féministe. Cherchez d'autres indices de son indépendance d'esprit dans l'ACTE V.

9. C'est don Fernand qui a le dernier mot dans cette pièce. Selon vous, comment se justifie ce fait ?

QUESTIONS SUR L'ŒUVRE

1. Comparez l'issue de *Roméo et Juliette* de Shakespeare au sort qui attend Chimène et Rodrigue dans *Le Cid*. Pourquoi la solution choisie par Corneille fait-elle plutôt ressortir les valeurs d'honneur et de devoir, alors que Shakespeare semble avoir privilégié l'amour ?

2. Le triangle amoureux (Chimène, Rodrigue, l'Infante) est-il crédible ? Quels sont les arguments qui nous font croire à la possibilité que Rodrigue puisse se trouver finalement dans les bras de l'une ou de l'autre ? À l'opposé, qu'est-ce qui nous fait croire que seule une relation avec Chimène est possible ?

3. La Chimène de la SCÈNE 1 de l'ACTE I est-elle la même que celle qu'on observe à la fin de la pièce ? En quoi est-elle semblable ? Sous quels rapports peut-on voir qu'elle a évolué ?

4. L'autorité royale est-elle absolue dans la pièce ? Sinon, quels personnages la contestent ? Dans quelles circonstances ? Pour quelles raisons ? Si l'autorité royale est absolue, expliquez à quels domaines elle s'applique.

5. Aux trois victoires de Rodrigue correspondent trois degrés qui l'approchent de l'idéal du XVIIe siècle. Confirmez ou discutez cette affirmation.

6. D'abord entourée et soutenue, Chimène est de plus en plus délaissée, isolée au fil de la pièce. Étudiez les étapes de cet isolement progressif.

7. Lequel incarne le mieux l'idéal de l'« honnête homme » : Rodrigue ou Chimène ? Expliquez pourquoi.

8. Selon certains commentateurs, le plus grand gagnant de cette tragi-comédie est don Diègue. Êtes-vous d'accord avec ce point de vue ? Pourquoi ?

9. Au contraire, don Sanche est le grand perdant. Expliquez à quel point ce personnage a été déchu, voire démoli au cours de la pièce.

10. Dans les citations suivantes, identifiez les figures de style employées ; il peut y avoir plus d'une figure par exemple. Les principaux procédés employés sont les suivants : allégorie, anaphore, antithèse, chiasme, comparaison, ellipse, énumération, euphémisme, hyperbole, inversion, litote, métaphore, métonymie, oxymore, parallélisme, périphrase, personnification, redondance, répétition et suspension.

a) « Si l'amour <u>vit</u> d'espoir, il <u>périt</u> avec lui » (v. 108).

b) « Dans <u>le métier de Mars</u> se rendre sans égal » (v. 179).

c) « <u>Mon bras</u>, qu'avec respect toute l'Espagne admire,
   <u>Mon bras</u>, qui tant de fois a sauvé cet empire » (v. 241-242).

d) « <u>Précipice élevé</u> d'où tombe mon honneur » (v. 248).

e) « <u>Viens</u>, mon fils, <u>viens</u>, mon sang, <u>viens</u> réparer ma honte ;
   <u>Viens</u> me venger » (v. 266-267).

f) « Et ce fer que mon bras ne peut plus soutenir,
   Je le remets au tien <u>pour venger et punir</u> » (v. 271-272).

g) « Qu'en un cloître sacré je pleure <u>incessamment</u>,
   <u>Jusqu'au dernier soupir</u>, mon père et mon amant » (v. 1739-1740).

h) « Plus que brave soldat, plus que grand capitaine,
   C'est... » (v. 281-282).

i) « [...] <u>Va</u>, <u>cours</u>, <u>vole</u>, et nous <u>venge</u> » (v. 290).

j) « Et l'on peut me réduire <u>à vivre sans bonheur</u>,
   Mais non pas me résoudre <u>à vivre sans honneur</u> » (v. 395 et 396).

k) « <u>Les palmes dont je vois ta tête si couverte</u>
   Semblent porter écrit le destin de ma perte » (v. 413-414).

l) « <u>Honneur</u> impitoyable à mes plus chers désirs,
   Que <u>tu</u> me vas coûter de pleurs et de soupirs ! » (v. 459-460).

m) « Le <u>passé</u> me <u>tourmente</u>, et <u>je crains</u> l'<u>avenir</u> » (v. 480).

n) « <u>Pleurez</u>, pleurez, mes yeux, et <u>fondez-vous en eau</u> ! » (v. 799).

o) « Au nom d'un père mort, ou de notre <u>amitié</u> » (v. 959).

p) « Va, <u>je ne te hais point</u> » (v. 963).

q) « Et la <u>main</u> de Rodrigue a fait tous ces miracles ? » (v. 1110).

r) « Le nomme <u>de sa joie et l'objet et l'auteur</u> » (v. 1115).

s) « Cette <u>obscure clarté</u> qui tombe des étoiles » (v. 1273).

t) « [...] le flux nous fait voir trente <u>voiles</u> » (v. 1274).

u) « Pour venger son honneur il perdit son amour,
   Pour venger sa maîtresse <u>il a quitté le jour</u> » (v. 1539-1540).

p. 17-36 **EXTRAITS 1 ET 2**

EXTRAIT 1 – ACTE I, SCÈNE 3, vers 174 à 226

Compréhension

1. Selon le Comte, pourquoi don Diègue n'est-il pas apte à prendre en charge l'éducation du jeune prince ?
2. Selon don Diègue, où le prince trouvera-t-il un modèle pour apprendre comment régner ?
3. De l'avis du Comte, quels sont les meilleurs exemples ?
4. Toujours selon le Comte, qu'est-ce qui le rend supérieur à don Diègue pour occuper le poste de gouverneur du prince ?
5. Le Comte accuse don Diègue d'avoir obtenu le poste par des procédés malhonnêtes. Quelle réplique traduit cette accusation ?

Observation des éléments thématiques et stylistiques

1. Faites la liste des accusations que se lancent les deux hommes.
2. On comprend, après la première réplique du Comte, combien il est difficile d'être soldat : par quels moyens stylistiques l'auteur a-t-il réussi à bien rendre cette difficulté ?
3. Devant un don Diègue modeste, le Comte fait preuve de vantardise. Relevez les expressions où l'on peut clairement voir qu'il se vante. Y décelez-vous des procédés stylistiques ?
4. Quelle image emploie le père de Rodrigue pour parler de sa vieillesse ?
5. Alors qu'au début les répliques étaient plutôt longues, vers la fin, elles raccourcissent : expliquez l'effet de ce procédé.
6. Don Diègue emploie plusieurs fois le verbe « mériter » et le nom « mérite ». Relevez les phrases où il les emploie.

Sujet d'analyse

1. La SCÈNE 3 du premier acte est une gradation de la parole aux actes. Dans une analyse littéraire, dites quelles sont les étapes de ce conflit et faites ressortir les procédés qui mènent au soufflet inattendu.

EXTRAIT 2 – ACTE II, SCÈNE 2, vers 397 à 442

Compréhension

1. Comment Rodrigue traite-t-il le Comte au début de cet extrait ?

2. Quelle description Rodrigue fait-il de son père?

3. Qu'est-ce qui permet de croire que le Comte a toutes les chances de remporter un duel contre Rodrigue?

4. Avant sa rivalité avec don Diègue, quelle était l'opinion du Comte sur Rodrigue? Cette opinion a-t-elle changé?

5. Quel argument convainc finalement le Comte d'accepter un duel avec cet adversaire qu'il considère indigne de lui?

Observation des éléments thématiques et stylistiques

1. Que suggère la répétition de « sais-tu » dans les répliques de Rodrigue? Que peut-on en déduire de l'opinion de Rodrigue sur son père? sur le Comte?

2. Faites la liste des adjectifs dépréciatifs qu'emploie le Comte pour décrire Rodrigue. Que laissent-ils entendre? Rodrigue utilise-t-il autant de termes dépréciatifs envers son adversaire?

3. Rodrigue fait une description valorisante de lui-même et de son père. Faites la liste de ces termes et comparez-la à la précédente.

4. Entre les vers 419 et 436, le Comte sous-entend qu'il a pris une décision concernant l'avenir de sa fille. Quel est le premier verbe qui l'indique? À quel temps et quel mode est-il?

5. Quel effet créent les très courtes répliques des vers 397 et 398 ainsi que celles des vers 439 et 440?

6. Lequel des deux adversaires est le plus téméraire? Justifiez votre réponse en choisissant judicieusement des répliques de l'un et de l'autre.

Sujet d'analyse

1. Montrez que l'auteur cherche à amplifier les inégalités entre les deux adversaires pour donner à celui qui sortira vainqueur une gloire accrue.

Vers la dissertation

1. Les extraits 1 et 2 présentent une situation semblable sous plusieurs rapports: par exemple, un antagoniste agressif et un autre qui cherche à éviter l'affrontement. Peut-on dire que les deux scènes sont semblables?

2. Démontrez que les trois personnages présents dans les extraits 1 et 2 placent l'honneur au-dessus de toutes les autres valeurs.

p. 26-96 **EXTRAITS 3 ET 4**

EXTRAIT 3 – ACTE I, SCÈNE 6, vers 291 à 350

Compréhension

1. Quelle est la « juste querelle » (v. 293) dans laquelle Rodrigue doit prendre parti ?
2. De quoi parle Rodrigue lorsqu'il dit : « Si près de voir mon feu récompensé » (v. 297) ?
3. Qu'est-ce qui lui « anime le cœur », qu'est-ce qui « retient [s]on bras » (v. 304) ?
4. Qui ou quoi rend-il responsable de causer sa peine ?
5. Rodrigue se parle à lui-même en s'adressant à certaines « parties de son corps » : lesquelles ? Pourquoi ces « parties » en particulier ?
6. Pourquoi Rodrigue ne peut-il refuser de venger son père ?
7. Qu'est-ce qui rend Rodrigue honteux ?

Observation des éléments thématiques et stylistiques

1. Faites la scansion des vers de cette tirade : quels types de vers (nombre de syllabes) sont utilisés ?
2. Relevez les mots et expressions qui prouvent :
   a) que Rodrigue éprouve de la douleur ;
   b) qu'il est amoureux malgré tout ;
   c) que l'honneur occupe une place prépondérante.
3. On peut diviser cette tirade en trois parties distinctes, chacune comprenant deux strophes et marquant une étape dans la prise de position de Rodrigue : identifiez le thème de chaque partie.
4. Observez les vers où apparaît le mot « peine » : que révèlent ces vers sur l'évolution de la pensée du héros ? Le mot prend-il une connotation particulière en certaines occurrences ?
5. Expliquez les hyperboles contenues dans les deux premiers vers.
6. Repérez au moins un exemple de chacun des procédés d'insistance et d'amplification suivants : répétition, anaphore, redondance, hyperbole (outre les deux premiers vers), énumération ou gradation.

7. Quel rôle joue la ponctuation forte ? Faites le lien avec la thématique identifiée à la question 10.

8. Repérez au moins cinq figures d'opposition : pour quelle raison Rodrigue en emploie-t-il autant ? Que souligne ce procédé ?

Sujet d'analyse

1. Montrez que le dilemme intérieur affecte Rodrigue dans toutes les facettes de sa vie et de sa personnalité.

EXTRAIT 4 – ACTE V, SCÈNE 2, vers 1565 à 1596

Compréhension

1. Pourquoi est-ce un crime pour l'Infante d'aimer Rodrigue ?

2. Selon l'Infante, quel événement rend maintenant l'amour possible entre elle et Rodrigue ?

3. Quel argument, en fin de compte, l'Infante évoque-t-elle pour s'interdire l'amour de Rodrigue ?

4. Expliquez le sens de l'expression suivante : « l'amour dure même entre deux ennemis » (v. 1596).

Observation des éléments thématiques et stylistiques

1. Le présent extrait et l'extrait 3 sont les deux seuls où l'auteur utilise d'autres types de vers que des alexandrins : faites d'abord la scansion (mesure) des vers du présent extrait. Comparez-les ensuite avec les types de vers employés dans l'extrait 3. Décelez-vous des similitudes ? La séquence ou l'ordre des vers est-elle semblable ?

2. Repérez et classez les figures d'opposition.

3. Relevez les termes qu'emploie l'Infante pour parler d'honneur. Faites de même avec les termes évoquant l'amour.

4. Quel effet produit l'accumulation des phrases interrogatives ?

5. Pour qui l'Infante emploie-t-elle la 2ᵉ personne du singulier ? A-t-il le même sens au début de l'extrait que plus loin ?

Sujet d'analyse

1. L'Infante vit un conflit intérieur qui oppose son honneur à l'amour. Analysez les sentiments de l'Infante.

Vers la dissertation

1. Comparez l'extrait 3 et l'extrait 4 en faisant ressortir les ressemblances et les différences, tant sur le plan thématique que stylistique.

2. Rodrigue et l'Infante placent l'honneur au-dessus de leur bonheur personnel : comparez leurs raisons respectives de privilégier l'honneur.

3. Après avoir examiné les extraits 3 et 4, peut-on dire que l'Infante et Rodrigue vivent un conflit intérieur semblable et ayant la même intensité ?

p. 61-95
EXTRAITS 5 ET 6

EXTRAIT 5 – ACTE III, SCÈNE 4, vers 901 à 963

Compréhension

1. Que demande Rodrigue à Chimène ?
2. Pourquoi Chimène ne peut-elle entièrement blâmer Rodrigue d'avoir tué son père ?
3. Chimène est au moins aussi éprouvée que Rodrigue, car elle subit deux pertes : lesquelles ?
4. Pourquoi Chimène refuse-t-elle d'être le bourreau de Rodrigue ?
5. Si ce n'est par vengeance, au nom de quoi Rodrigue finit-il par réclamer la mort de la main de Chimène ?

Observation des éléments thématiques et stylistiques

1. Dressez la liste des éléments appartenant aux champs lexicaux suivants : mort, vengeance, honneur et amour.
2. Quels sont les termes qui permettent d'affirmer que les deux héros ont l'esprit de sacrifice (ou le sens du devoir) ?
3. Chacun des deux personnages fait valoir ses idées en utilisant des figures d'opposition : dans un premier temps, notez celles qu'emploie Chimène, puis celles de Rodrigue.
4. Quelles hyperboles traduisent la douleur de Chimène ?
5. Quelle est la figure de style employée par l'héroïne dans le dernier vers ? En a-t-elle employé d'autres dans cet extrait ? Quel effet crée l'emploi de ce procédé ?

Sujet d'analyse

1. En mettant de l'avant la raison et l'honneur, les deux amoureux ne font que faire ressortir de manière plus pathétique leur amour. Analysez cet extrait en tenant compte du conflit entre la raison et la passion.

EXTRAIT 6 – ACTE V, SCÈNE 1, vers 1492 à 1564

Compréhension

1. Rodrigue vient avertir Chimène qu'il présentera sa poitrine à son opposant, mais celle-ci lui dit qu'il doit absolument combattre. Quels arguments utilise-t-elle pour tenter de le convaincre ? Quel est celui qui, finalement, l'influence ?
2. Pourquoi Rodrigue ne s'est-il pas laissé tuer par les Mores ?
3. Rodrigue n'a plus besoin de faire preuve de son courage à défendre son honneur : expliquez pourquoi.

Observation des éléments thématiques et stylistiques

1. Alors que Chimène emploie la 2ᵉ personne du singulier, Rodrigue utilise « vous » : qu'est-ce que cela souligne ?
2. Dressez les champs lexicaux liés aux thèmes suivants : honneur, justice, vengeance, faiblesse, défaite.
3. Relevez les figures d'opposition.
4. À la fin de sa première réplique, Chimène emploie des phrases interrogatives. Quel résultat compte-t-elle obtenir de cette accumulation de questions ?
5. Rodrigue fait une digression où il imagine ce que dira l'opinion publique de lui s'il se laisse mourir. Quelles figures de style dominent dans cette partie de l'extrait ?

Sujet d'analyse

1. Rodrigue et Chimène défendent âprement leur honneur, mais laissent aussi espérer à l'autre que leur amour pourra triompher de tout, même de la mort. Rédigez une analyse qui fera ressortir ces aspects de leur conversation.

Vers la dissertation

1. Les SCÈNES 4 de l'ACTE III et 1 de l'ACTE V constituent les seules rencontres en tête-à-tête des deux amoureux. Paradoxalement, l'amour n'est pas leur préoccupation première. Prouvez qu'il ne pouvait en être autrement.

2. En comparant l'extrait 3 à l'extrait 4, on constate qu'ils s'ouvrent tous deux sur des paroles de Rodrigue qui souhaite mourir et se terminent sur une phrase de Chimène qui affirme, à mot couvert, son amour pour Rodrigue. Continuez le parallèle entre les deux extraits afin de faire ressortir les ressemblances et les différences.

3. Rodrigue et Chimène s'aiment pour ce qu'ils ont été, mais détestent l'un et l'autre ce qu'ils sont devenus. Commentez.

4. Être et paraître : ni Chimène ni Rodrigue ne peuvent révéler leurs véritables pensées à l'autre, ils doivent, par respect des bienséances, se faire passer pour des ennemis. Commentez.

ANNEXES

	TABLEAU CHRONOLOGIQUE	
	ÉVÉNEMENTS HISTORIQUES ET POLITIQUES	**VIE ET ŒUVRE DE CORNEILLE** [1]
1606		Naissance à Rouen. Il porte le même prénom que son père ; son fils aîné aussi s'appellera Pierre.
1608		
1609		
1610	Assassinat d'Henri IV et début du règne de Louis XIII. Régence de Marie de Médicis (mère de Louis XIII) jusqu'en 1617.	
1615		Brillantes études jusqu'en 1622.
1620		
1624	Le cardinal de Richelieu ministre jusqu'en 1642.	Ayant obtenu sa licence de droit, il devient avocat stagiaire.
1625		*Mélite ou les Fausses Lettres* (C). Naissance de son frère Thomas.
1629		Avocat du roi à la Table de Marbre du palais de Rouen.
1631		*Clitandre ou l'Innocence persécutée* (TC). Inimitié supposée de Richelieu : le maréchal de Marillac aurait fait cabale contre Richelieu avec le duc de Longueville, protecteur de Corneille (la pièce est dédiée au duc).
1632	Procès de Marillac (qui a peut-être inspiré Corneille pour *Clitandre*).	*La Veuve ou le Traître trahi* (C).
1633		*La Galerie du Palais ou l'Amie rivale* (C). *Excusatio* : pièce en vers latins en l'honneur du roi et de Richelieu, où il s'excuse de sa muse légère.
1634		*La Suivante* (C) et *La Place Royale ou l'Amoureux extravagant* (C).

---

1. (C) indique une comédie, (T) une tragédie et (TC) une tragi-comédie.

TABLEAU CHRONOLOGIQUE

ÉVÉNEMENTS CULTURELS ET LITTÉRAIRES EN FRANCE	ÉVÉNEMENTS HISTORIQUES ET CULTURELS HORS DE FRANCE	
	Shakespeare : *Macbeth* (T).	1606
Mme de Rambouillet quitte la cour et commence à recevoir chez elle.	Fondation de Québec par Samuel de Champlain.	1608
	Galilée (1564-1642) construit son télescope.	1609
		1610
		1615
Le salon de Mme de Rambouillet est en pleine activité.	Arrivée du *Mayflower* : début de la colonisation anglaise de l'Amérique.	1620
		1624
		1625
		1629
		1631
		1632
	Galilée devant l'Inquisition est forcé d'affirmer que la Terre ne tourne pas autour du Soleil.	1633
		1634

TABLEAU CHRONOLOGIQUE	
ÉVÉNEMENTS HISTORIQUES ET POLITIQUES	**VIE ET ŒUVRE DE CORNEILLE**
1635 Fondation de l'Académie française. Déclaration de guerre à l'Espagne (intervention directe de la France dans la guerre de Trente Ans).	Richelieu, amateur de théâtre, accorde une « pension » de 1500 livres à Corneille, versée jusqu'à la mort du Cardinal en 1642. Les « cinq auteurs », dont Corneille, présentent *La Comédie des Tuileries* (C) et *L'Aveugle de Smyrne* (C), d'après des idées proposées par Richelieu. Première tragédie : *Médée*.
1636 La ville de Corbie, perdue aux mains des Espagnols, est reprise plus tard dans l'année.	*L'Illusion comique* (C) et *Le Cid* (T) ; cette dernière obtient un immense succès.
1637	Pierre Corneille père obtient des lettres de noblesse. Début de la querelle du *Cid* ; malgré le succès populaire, les critiques fusent. Dans *Excuse à Ariste*, Corneille jette l'anathème sur ses rivaux, affirmant n'avoir reçu d'aide de personne. Richelieu soumet *Le Cid* à l'arbitrage de l'Académie. Corneille garde le silence (littéraire) pendant trois ans.
1638 Naissance du futur Louis XIV.	
1639 Révolte des va-nu-pieds en Normandie très durement réprimée l'année suivante.	Mort du père de Corneille.
1640	*Horace* (T).
1641	*Cinna* (T). Mariage avec Marie de Lampérière, qui a 11 ans de moins que lui.
1642 Mort de Richelieu.	Naissance sa fille aînée, Marie.
1643 Mort de Louis XIII et début du règne de Louis XIV. Régence d'Anne d'Autriche et Mazarin ministre jusqu'en 1661.	*Polyeucte* (T). Naissance de son fils Pierre. Remerciement en vers à Mazarin, qui vient de lui accorder une pension de 1000 livres.

TABLEAU CHRONOLOGIQUE		
ÉVÉNEMENTS CULTURELS ET LITTÉRAIRES EN FRANCE	ÉVÉNEMENTS HISTORIQUES ET CULTURELS HORS DE FRANCE	
		1635
		1636
Scudéry : *Observations sur* Le Cid ; Chapelain : *Sentiments de l'Académie sur* Le Cid ; Descartes : *Discours de la méthode.*		1637
		1638
	En Chine, fin de la dynastie des Ming.	1639
	Le Portugal, dominé par l'Espagne depuis 1580, retrouve son indépendance.	1640
		1641
	Début de la Révolution anglaise contre Charles 1er.	1642
Molière fonde *L'Illustre Théâtre.*		1643

TABLEAU CHRONOLOGIQUE	
ÉVÉNEMENTS HISTORIQUES ET POLITIQUES	VIE ET ŒUVRE DE CORNEILLE
1644	*Pompée* (T) ainsi que *Le Menteur* (C) et *La Suite du menteur* (C). Corneille, l'écrivain le plus célèbre de cette époque, ne réussit pas à obtenir un siège à l'Académie.
1645 Fin de l'intervention directe de la France dans la guerre de Trente Ans : la France acquiert l'Alsace.	*Rodogune, princesse des Parthes* (T).
1646	*Théodore, vierge et martyre* (T) : échec à Paris, assez bon succès en province.
1647	*Héraclius* (T). Corneille élu à l'Académie.
1648 Fronde parlementaire ; les théâtres sont fermés jusqu'à la fin des troubles.	
1650 Début de la Fronde des Grands (ou des Princes) jusqu'en 1652.	*Andromède* (T à machines, à grand déploiement, avec musique) ; *Don Sanche d'Aragon* (C héroïque). Nommé procureur syndic des États de Normandie, Corneille quitte sa charge à la Table de Marbre. Thomas épouse Marguerite de Lampérière, la sœur de Marie.
1651	*Nicomède* (T) et *Pertharite* (T) ; cette dernière connaît un échec lamentable. Corneille n'obtient pas la charge de procureur ; il perd de plus sa pension, car Mazarin est en exil en Allemagne.
1652	Corneille se retire du monde du théâtre, jusqu'en 1659, pour traduire l'*Imitation de Jésus-Christ*.
1653 Fouquet nommé surintendant des Finances.	

TABLEAU CHRONOLOGIQUE		
ÉVÉNEMENTS CULTURELS ET LITTÉRAIRES EN FRANCE	**ÉVÉNEMENTS HISTORIQUES ET CULTURELS HORS DE FRANCE**	
		1644
		1645
		1646
Vaugelas : *Remarques sur la langue française* (première grammaire).		1647
	En Angleterre, Charles Ier est condamné à mort. Cromwell en fait une république (jusqu'en 1658). Le traité de Westphalie divise l'Allemagne en 350 États.	1648
		1650
		1651
		1652
		1653

	ÉVÉNEMENTS HISTORIQUES ET POLITIQUES	VIE ET ŒUVRE DE CORNEILLE
TABLEAU CHRONOLOGIQUE		
1656		
1657		
1658		Pierre et Thomas Corneille acceptent le mécénat de Fouquet.
1659	Traité des Pyrénées, qui scelle la paix entre la France et l'Espagne ; la France acquiert le Roussillon et l'Artois. Louis XIV épousera l'infante Marie-Thérèse, mais renoncera au trône d'Espagne.	Œdipe (T).
1661	Mort de Mazarin, pouvoir exercé par Louis XIV jusqu'en 1715. Colbert ministre ; arrestation de Fouquet. Début de la construction du palais de Versailles.	La Toison d'or (T à machines). L'arrestation de Fouquet met les Corneille dans l'embarras. Édition complète de ses œuvres, accompagnées des trois Discours sur le poème dramatique et des Examens de chacune de ses pièces.
1662		Sertorius (T). Les Corneille quittent Rouen et s'installent à Paris.
1663		Sophonisbe (T). Début du mécénat personnel de Louis XIV : Corneille reçoit une pension annuelle de 2 000 livres.
1664	Condamnation de Fouquet.	Othon (T). Révocation de toutes les lettres de noblesse émises depuis 1630 : Corneille ne reconquerra son titre qu'en 1665-1670.
1665		Mort de son fils Charles (12 ou 13 ans).
1666		Agésilas (T galante).

TABLEAU CHRONOLOGIQUE		
ÉVÉNEMENTS CULTURELS ET LITTÉRAIRES EN FRANCE	**ÉVÉNEMENTS HISTORIQUES ET CULTURELS HORS DE FRANCE**	
Thomas Corneille: *Timocrate* (T). Pascal: *Les Provinciales*.		1656
Thomas Corneille: *La Mort de l'empereur Commode* (T).		1657
		1658
Molière: *Les Précieuses ridicules* (C).		1659
		1661
Molière: *L'École des femmes* (C).	En Chine, règne de l'empereur K'ang-hsi (1654-1722); parfois comparé à celui de Louis XIV (classicisme chinois).	1662
	Les Turcs (Empire ottoman) envahissent l'Autriche, limite de l'expansion musulmane en Europe.	1663
Racine: *La Thébaïde* (T), première pièce de celui qui deviendra le grand rival de Corneille. Molière: *Le Tartuffe* (C); la pièce est interdite.		1664
Racine: *Alexandre le Grand* (T). Molière: *Dom Juan* (C). La Rochefoucauld: *Maximes*.		1665
Molière: *Le Misanthrope* (C) et *Le Médecin malgré lui* (C).		1666

TABLEAU CHRONOLOGIQUE	
ÉVÉNEMENTS HISTORIQUES ET POLITIQUES	**VIE ET ŒUVRE DE CORNEILLE**
1667	*Attila* (T) : succès d'estime.
1668 Traité d'Aix-la-Chapelle, fin de la guerre de Dévolution : la France annexe la Flandre.	
1669	
1670	*Tite et Bérénice* (T) : guerre ouverte entre Corneille et Racine, qui tourne vite à l'avantage de Racine.
1671	*Psyché* (T ballet, pièce à machines).
1672	*Pulchérie* (C héroïque).
1673	
1674	*Suréna, général des Parthes* (dernière tragédie de Corneille). Mort de son second fils à Grave, en combattant les Hollandais.
1675	Corneille est « oublié » sur la liste des pensions royales pendant sept ans.
1677	
1678 Traité de Nimègue : la France acquiert la Franche-Comté. Apogée du règne de Louis XIV.	

TABLEAU CHRONOLOGIQUE		
ÉVÉNEMENTS CULTURELS ET LITTÉRAIRES EN FRANCE	**ÉVÉNEMENTS HISTORIQUES ET CULTURELS HORS DE FRANCE**	
Racine : *Andromaque* (T) ; cette pièce marque le début de la suprématie de Racine et le déclin de Corneille.	Milton (1608-1674), poète anglais : *Le Paradis perdu*. La couronne anglaise achète New Amsterdam, qui deviendra New York.	1667
Molière : *L'Avare* (C). La Fontaine : *Fables* (livres I à VI). Racine : *Les Plaideurs* (C).		1668
Racine : *Britannicus* (T). Molière : *Le Tartuffe* peut enfin être joué.		1669
Racine : *Bérénice* (T). Molière : *Le Bourgeois gentilhomme* (C). Pascal : *Les Pensées* (posthume).		1670
		1671
Racine : *Bajazet* (T). Thomas Corneille : *Ariane*, pièce de style racinien, affront pour son frère. Molière : *Les Femmes savantes* (C).		1672
Racine : *Mithridate* (T). Mort de Molière ; Corneille perd un allié inestimable.		1673
Racine : *Iphigénie* (T). Boileau : *Art poétique*.		1674
Racine et Corneille, témoins au mariage d'un acteur, se réconcilient.		1675
Racine : *Phèdre* (T). Le théâtre perd coup sur coup ses trois plus grandes figures : Molière mort en 1673, Corneille cesse d'écrire en 1674 et Racine en 1677.		1677
Mme de La Fayette : *La Princesse de Clèves*. La Fontaine : *Fables* (livres VII à XII). Début de la querelle des Anciens et des Modernes.		1678

TABLEAU CHRONOLOGIQUE		
	ÉVÉNEMENTS HISTORIQUES ET POLITIQUES	VIE ET ŒUVRE DE CORNEILLE
1680		
1682	La cour déménage à Versailles.	
1683	Mort de Marie-Thérèse, épouse de Louis XIV, et du ministre Colbert.	Dernière présence de Corneille à l'Académie (21 août).
1684	Mariage secret du roi et de Mme de Maintenon, sa maîtresse de longue date.	1er octobre, mort à Paris, funérailles privées.
1685	Révocation de l'édit de Nantes (persécution des protestants).	
1695	Fin des travaux à Versailles sous Louis XIV.	

TABLEAU CHRONOLOGIQUE		
ÉVÉNEMENTS CULTURELS ET LITTÉRAIRES EN FRANCE	**ÉVÉNEMENTS HISTORIQUES ET CULTURELS HORS DE FRANCE**	
Fondation de la compagnie théâtrale de la Comédie-Française.		1680
		1682
	En Autriche, siège de Vienne et défaite des Turcs.	1683
		1684
		1685
		1695

GLOSSAIRE DE L'ŒUVRE

Accommodement, accommoder : réconciliation ; mettre d'accord (v. 464, 467 et 495).

Alarme : émotion causée par l'ennemi (à l'arme !), effroi, épouvante (v. 589, 629, 1077 et 1217).

Appas : charme, attrait (v. 123, 887 et 1548).

Aragon : le territoire de cette province d'Espagne fluctua beaucoup au cours de l'histoire, l'Aragon étant âprement disputé (v. 197, 540 et 706).

Arrêt : décision, verdict, sentence (v. 756, 936, 1463 et 1492).

Balancer : hésiter, être incertain, hésitant (v. 42, 347 et 821).

Brigue : intrigue, sollicitation (v. 13 et 219).

Bruit (faux) : rumeur fausse ou non fondée, calomnie, mensonge (v. 964, 1101 et 1154).

Castille : province d'Espagne constituant le « noyau dur » chrétien et dont le territoire fluctua beaucoup au cours de l'histoire (v. 89, 153, 198, 421, 618, 1178 et 1210).

Cavalier : chevalier, gentilhomme noble, souvent employé pour la noblesse moyenne ou inférieure (v. 82, 88, 427, 786, 1401 et 1428).

Charmant, charme : envoûtant, enivrant (v. 10, 453 et 524) ; envoûtement, sortilège, ensorcellement, puissance magique souvent associée à l'amour (v. 3, 129, 512, 833, 921, 1601 et 1747).

Chef : tête (v. 598 et 727).

Cid : de l'arabe *sidi* ou *séid,* signifiant « seigneur, maître ». Ce terme de noblesse employé par les Maures vient justifier le titre de l'œuvre (v. 1222, 1223, 1225, 1587, 1636 et 1827).

Ciel : Dieu, la Providence (v. 133, 141, 998, 1025, 1146, 1341, 1631, 1686, 1695 et 1769).

Cœur : courage (v. 30, 74, 172, 261, 304, 394, 416, 419, 448, 576, 588, 611, 627, 875, 1057, 1133, 1171, 1413, 1455, 1474, 1483, 1531, 1537 et 1578) ; dans certains cas, l'auteur joue sur l'autre sens : sentiment, passion, amour (v. 101, 519, 818, 823, 833, 1096, 1127, 1643, etc.).

Courage : cœur, siège des sentiments (v. 521, 594, 910, 1601, etc.) ; dans certains cas, l'auteur joue sur l'autre sens : bravoure, héroïsme, vaillance (v. 953, 1436, 1837, etc.).

Déçu (être) : se tromper, se méprendre (v. 57, 341, 1015 et 1745).

Déplaire, déplaisir : causer un grand chagrin, provoquer un désespoir sans borne (v. 485, 761, 845 et 883) ; désespoir, chagrin, sujet de plainte, avec un sens très fort (v. 116, 139, 638, 656, 796, 1165, 1357 et 1576).

Discord: désaccord, discorde au sens fort (v. 476 et 1612).

Effet: réalisation, exécution, d'un projet par exemple (v. 146, 184, 456, 497, 840, 995, 1524 et 1608); résultat, conséquence, succès, d'une entreprise (v. 391, 523, 873, 1132, 1344 et 1356).

Ennui(s): douleur odieuse, tourment insupportable, violent désespoir (v. 448, 465, 487, 555, 847, 971, 1024 et 1599).

Fer: épée (v. 197, 257, 271, 318 et 866).

Feu(x): métaphore galante pour la passion amoureuse (v. 11, 104, 109, 297, 490, 981, 1461, 1566 et 1763; en ce sens, on emploie aussi «ardeur», «brûler» et «flamme»); utilisé parfois pour d'autres passions dévorantes comme l'avarice, la haine, etc. (v. 472 et 1166).

Fier: pour une personne, farouche, violente, emportée (v. 709); pour une chose ou une idée, élevée, noble (v. 394, 1568 et 1789).

Flamme: amour (v. 6, 86, 94, 305, 508, 514, 817, 880, 924, 965, etc.).

Flatter, flatteur: tromper, induire en erreur, utiliser la flatterie (v. 275, 371, 530, 537, 843 et 1046).

Flux: marée propice, favorable (v. 626, 1075, 1274 et 1318).

Foi: engagement, fidélité, confiance (v. 736, 995 et 1068); en particulier, serment amoureux, promesse de mariage (v. 1459 et 1820).

Funeste: qui cause la mort ou en menace; sinistre, tragique, mortel (v. 669, 801, 913, 1152 et 1698).

Généreux, générosité: pour une chose, de noble nature; pour une personne, qui a l'âme grande et noble, et préfère l'honneur à tout autre intérêt (v. 270, 315, 458, 576, 660, 699, 844, 890, 910, 1066, etc.); noblesse du cœur, grandeur d'âme, qualités d'une personne «généreuse» (v. 930, 946 et 1197).

Gloire: réputation, honneur, valeur primordiale au XVIIe siècle (v. 97, 123, 201, 245, 313, 332, 434, 546, 602, 685, etc.).

Grenade: ville d'Andalousie (sud de l'Espagne); fondée par les Maures en 756, elle fut leur dernière place forte en Espagne (v. 197, 538, 706 et 1226).

Heur: bonheur (v. 988, 1035 et 1836).

Hymen, hyménée: mariage (v. 106, 114, 121, 145, 168, 476, 1806 et 1819); «nœud» est aussi synonyme de mariage («sacré nœud» v. 166, «saint nœud» v. 473).

Injuste: injustifié, illégitime, non fondé (v. 294 et 1407); voir **Juste**.

Intéresser (s'), intérêt: prendre parti pour ou contre, se passionner pour ou contre, s'engager d'un côté ou de l'autre. «S'intéresser pour»: soutenir, favoriser, éprouver de l'amour, de la passion (v. 429, 493, 1193 et 1349); «s'intéresser contre»: s'opposer, contrarier, contrecarrer (v. 302); «intérêt»: amour éprouvé pour quelqu'un (v. 822, 917 et 1760).

Jour: dans certaines expressions, la vie. « Indigne du jour » : indigne de vivre (v. 284 et 314) ; « plus cher que le jour » : plus précieux que la vie (v. 1055) ; « voir le jour » : être vivant (v. 1347) ; « quitter le jour » : ne plus être en vie (v. 1540) ; « mettre au jour » : donner la vie, mettre au monde (v. 1731).

Juste: justifié, légitime (v. 48, 235, 293, 492, 641, 654, 738, 774, 1175, 1357, 1395 et 1501) ; voir **Injuste**.

Laurier(s): la couronne de laurier symbolise la victoire militaire, la valeur manifestée au combat (v. 32, 202, 240, 543, 1196 et 1372). Parce que ses racines profondes lui permettent de survivre même dans les régions arides, le laurier représente aussi la persistance de la vie ainsi que la chance, qui permet d'éviter des malheurs comme la foudre, la sécheresse détruisant les récoltes, etc. (v. 390).

Lien(s): attachement amoureux (v. 103, 147 et 1067) ; d'autres métaphores traduisent la même idée : « les chaînes » (v. 69) et « mes fers » (v. 148).

Magnanime: qui manifeste de la grandeur et de la force d'âme par son courage ou son sens du devoir (v. 425, 1057, 1133, 1170, 1413 et 1537).

Maison: famille, lignée. On employait « maison » pour parler d'une famille de la noblesse, alors que le mot « lignée » s'employait plutôt pour la bourgeoisie (v. 31, 166 et 334).

Maîtresse: personne aimée, sans idée de tricherie maritale ni de plaisir sexuelle (v. 303, 311, 322, 342, 1058, 1536, 1540 et 1838).

Mores: (orthographe plus courante « Maures ») : Africains de religion islamique qui envahirent l'Espagne à partir du XIIᵉ siècle ; ils ont dominé un temps la plus grande part de la péninsule, mais perdirent progressivement du terrain et en furent chassés en 1492 (v. 539, 610, 1075, 1105, 1178, 1217, 1276, 1286, 1310, 1414, 1477, 1523, 1559 et 1823).

Nœud: voir **Hymen**.

Objet: sujet, personne considérée comme victime du destin, de l'amour ou d'une autre personne ou encore considérée comme cause du malheur ou du bonheur de quelqu'un (v. 294, 761, 838, 1115, 1393, 1552, 1632 et 1657) ; but, objectif, intention (v. 595 et 1235).

Palme: comme le laurier, les palmes sont des symboles de victoire militaire (v. 413 et 1091) ; voir **Laurier(s)**.

Pencher (me): me fait pencher (v. 16 et 1701).

Rare: exceptionnel, rarement vu (v. 45, 210, 1240, 1575 et 1673).

Sang: famille (ancêtres ou descendants) (v. 26, 264, 266, 344, 402, 863, 1200). Le sang, c'est aussi la vie (v. 596, 661, etc.) ; ainsi « offrir son sang » (v. 899), c'est donner sa vie ; « (r)épandre le sang » ou « arroser de sang » (v. 91, 543, 644, 1291, 1381, 1750, etc.), c'est tuer ou se tuer, de même que

« se baigner dans le sang » (v. 686), et « tremper ses mains dans le sang »
(v. 1084, 1510 et 1812) ; « laver un outrage dans le sang » (v. 274) ou
« venger le sang par le sang » (v. 692), c'est se venger en tuant (v. 1592) ;
de même, si le « sang crie vengeance » (v. 832), cela signifie que le meurtre
entraîne une vengeance de même nature.

Satisfaire : se venger, offrir ou demander réparation, compensation pour
l'honneur bafoué. On pouvait « satisfaire » en présentant des excuses
formelles ou publiques, mais il arrivait souvent que la vengeance soit
« satisfaite » dans le sang par un duel (v. 392, 591, 729, 898, 1044, 1546,
1710, 1767 et 1782).

Séville : ville et port du sud-ouest de l'Espagne qui, au XIIᵉ siècle, fut
conquise par les chrétiens. Elle repassa plus tard aux Maures et ne devint
définitivement chrétienne qu'au milieu du XIIIᵉ siècle (v. 617).

Souffrir : supporter, endurer (v. 46, 458, 489, 494, 770, 835, 867, 883, 1066,
1520 et 1532) ; consentir, permettre (v. 383, 526, 681, 786, 954, 1045, 1150,
1241, 1317, 1405, 1686 et 1806).

Submissions : soumissions, docilités indignes d'un héros (v. 359 et 584).

Suborneur : trompeur, contraire au devoir (v. 337 et 835).

Traits (de l'amour) : les traits font référence aux flèches que le dieu
Cupidon lançait pour susciter l'amour (v. 66, 956 et 1643).

Transport(s) : toute émotion vive, tout élan de passion qu'il s'agisse
d'émotions agréables ou d'emportements incontrôlables (v. 758, 1142,
1385 et 1757).

Travaux : prouesses, exploits, surtout dans le domaine militaire,
en référence aux travaux d'Hercule (v. 239, 701 et 1784).

Vain : vaniteux, présomptueux, rempli d'orgueil (v. 231, 407, 557 et 1436).

Vertu : qualité, force morale, valeur, mérite, courage (v. 28, 80, 129, 134, 177,
399, 426, 513, 518, 529, 979, 1296, 1515, 1575 et 1803).

BIBLIOGRAPHIE

BATIFOL, Louis. *Richelieu et Corneille. La légende de la persécution de l'auteur du « Cid »*, Paris, Calman-Lévy, « Nouvelle collection historique », 1936, 197 p.

CASTEX, P.-G. et P. SURER. *Manuel des études littéraires. XVIIe siècle*, TOME III, Paris, Hachette, 1947, 264 p. (avec la collaboration de G. Becker).

CHAIGNE, Louis et al. *Notre littérature vivante. XVIIe siècle*, TOME III, Paris, Ligel, 1959, 287 p.

CORNEILLE, Pierre. *Théâtre choisi*, édition de Maurice Rat, Paris, Garnier, « Classiques », 1961, 819 p. ; cette édition a servi de référence. D'autres éditions ont été consultées : Larousse, « Classiques », 1990; Bordas, « Classiques », 1965 et 1995, Hatier, « Les classiques pour tous », 1939 et 1966 ; Théâtre national populaire, L'Arche, « Répertoire », 1951.

DOUBROVSKY, Serge. *Corneille et la dialectique du héros*, Paris, Gallimard NRF, « Bibliothèque des idées », 1963, 588 p.

DUBOIS, Claude-Gilbert. *Le Baroque : profondeurs de l'apparence*, Paris, Larousse université, « Thèmes et textes », 1973, 255 p.

GERMAIN, François. *L'art de commenter une tragédie*, 1re et 2e parties, Paris, Foucher, « Littérature », 1956, 63 et 64 p.

HENRIOT, Émile. *Les maîtres de la littérature française*, tome I, Paris et Ottawa, Le cercle du livre de France, 1957, 379 p.

HERLAND, Louis. *Corneille par lui-même*, Paris, Seuil, « Écrivains de toujours », 1968, 189 p.

HORVILLE, Robert. *Anthologie de la littérature française. XVIIe siècle*, Paris, Larousse, 1994, 336 p.

LAGARDE, A. et L. MICHARD. *XVIIe siècle : les grands auteurs au programme*, tome III, Paris, Bordas, 1966, 448 p.

LE MEUR, Léon. *Panorama de la littérature française*, Paris, Éditions de l'École, 1962, 316 p.

MÉTIVIER, Hubert. *Le siècle de Louis XIII*, Paris, Presses universitaires de France, « Que sais-je ? » no 1138, 1958, 127 p.

MOREL, Jacques. *La Tragédie*, New York, McGraw-Hill – Armand Colin, « U », 1964, 364 p.

SAULNIER, V. L. *La littérature française du siècle classique*, Paris, Presses universitaires de France, « Que sais-je ? » no 95, 1958, 134 p.

SCHNEIDER, Reinhold. *Grandeur de Corneille et de son temps*, traduit de l'allemand par M. de Gandillac, Paris, Alsatia, 1943, 155 p.

VILAR, Pierre. *Histoire de l'Espagne*, Paris, Presses universitaires de France, « Que sais-je ? » no 275, 1958, 134 p.

SOURCES ICONOGRAPHIQUES

Page couverture, Photo: Collection Thyssen-Bornemisza, akg-images/ Nimatallah • Page 2, Photo: Collection privée, Giraudon/The Bridgeman Art Library • Page 4, Photo: Château de Versailles, France, Lauros/Giraudon/ The Bridgeman Art Library • Page 6, Photo: Bibliothèque nationale, Paris, France/akg-images • Page 7, Photo: Collection privée, Archives Charmet/The Bridgeman Art Library • Page 110, Photo: Collection privée, The Stapleton Collection/The Bridgeman Art Library • Page 112, Photo: Bildarchiv Preussischer Kulturbesitz/Art Resource, NY • Page 122, Photo: Louvre, Paris, France, Peter Willi/The Bridgeman Art Library • Page 124, Photo: Château de Versailles, France, Lauros/Giraudon/The Bridgeman Art Library • Page 128, Photo: Bibliothèque nationale, Paris, France, Giraudon/The Bridgeman Art Library • Page 136, Photo: National Portrait Gallery, London, R.-U./The Bridgeman Art Library • Page 140, Photo: Roger-Viollet • Page 142, Photo: Bibliothèque nationale, Paris, France/akg-images • Page 146, Photo: Château de Versailles, France, Lauros/Giraudon/The Bridgeman Art Library • Page 150, Photo: Château de Versailles, France, Lauros/Giraudon/The Bridgeman Art Library • Page 160, Photo: Bibliothèque nationale, Paris, France, Giraudon/The Bridgeman Art Library.

ŒUVRES PARUES

300 ans d'essais au Québec
Apollinaire, *Alcools*
Balzac, *Le Colonel Chabert*
Balzac, *La Peau de chagrin*
Balzac, *Le Père Goriot*
Baudelaire, *Les Fleurs du mal* et *Le Spleen de Paris*
Beaumarchais, *Le Mariage de Figaro*
Chateaubriand, *Atala* et *René*
Chrétien de Troyes, *Yvain* ou *Le Chevalier au lion*
Colette, *Le Blé en herbe*
Contes et légendes du Québec
Contes et nouvelles romantiques : de Balzac à Vigny
Corneille, *Le Cid*
Daudet, *Lettres de mon moulin*
Diderot, *La Religieuse*
Écrivains des Lumières
Flaubert, *Trois Contes*
Girard, *Marie Calumet*
Hugo, *Le Dernier Jour d'un condamné*
Jarry, *Ubu Roi*
Laclos, *Les Liaisons dangereuses*
Marivaux, *Le Jeu de l'amour et du hasard*
Maupassant, *Contes réalistes et Contes fantastiques*
Maupassant, *La Maison Tellier et autres contes*
Maupassant, *Pierre et Jean*
Mérimée, *La Vénus d'Ille* et *Carmen*
Molière, *L'Avare*
Molière, *Le Bourgeois gentilhomme*
Molière, *Dom Juan*
Molière, *L'École des femmes*
Molière, *Les Fourberies de Scapin*
Molière, *Le Malade imaginaire*
Molière, *Le Misanthrope*
Molière, *Tartuffe*
Musset, *Lorenzaccio*
Poe, *Le Chat noir et autres contes*
Poètes et prosateurs de la Renaissance
Poètes romantiques
Poètes surréalistes
Poètes symbolistes
Racine, *Phèdre*
Rostand, *Cyrano de Bergerac*
Tristan et Iseut
Voltaire, *Candide*
Voltaire, *Zadig* et *Micromégas*
Zola, *La Bête humaine*
Zola, *Thérèse Raquin*